4차 산업시대의
스마트카 전쟁

4차 산업시대의
스마트카 전쟁

1판 1쇄 발행 2016년 1월 20일
2판 1쇄 발행 2016년 11월 25일
3판 1쇄 발행 2018년 2월 28일

글 쓴 이 박기혁
펴 낸 이 이경민

편   집 박희정
디 자 인 디자인86, 문지현

펴 낸 곳 ㈜동아엠앤비
출판등록 2014년 3월 28일(제25100-2014-000025호)
주   소 (120-837) 서울특별시 서대문구 충정로 35-17 인촌빌딩 1층
전   화 (편집) 02-392-6901 (마케팅) 02-392-6900
팩   스 02-392-6902
전자우편 damnb0401@nate.com
블 로 그 blog.naver.com/damnb0401
페이스북 www.facebook.com/dongamnb

ISBN 979-11-88704-26-2 (03320)

* 이 도서의 국립중앙도서관 출판예정도서목록(CIP)은 서지정보유통지원시스템 홈페이지(http://seoji.nl.go.kr)와 국가자료공동목록시스템(http://www.nl.go.kr/kolisnet)에서 이용하실 수 있습니다. (CIP제어번호 : CIP2018004994)

박기혁 지음

4차 산업시대의
스마트카 전쟁

자동차 당분간 사지 마라!

동아엠앤비

스마트폰은 최근 5년~10년 사이에 우리 생활에 큰 변화를 주었다. 손 안에 들어오는 컴퓨터 내지는 플랫폼의 구현으로, 우리의 생활은 급격히 스마트화 되고 모바일화 되었다. 기술컨설팅 업체를 운영하는 나의 입장에서 이런 변화는 큰 위기이자 기회이다. 빠르게 변화하는 경향을 따라잡지 못하면 위기가 되고, 따라잡으면 기회가 될 것이다. 그러나 한번만 더 생각해 보면, 그런 위기이자 기회는 비단 첨단 산업 종사자들에게만 한하는 것은 아닐 것이다. 그러한 플랫폼의 변화는 노키아의 몰락에서 보다시피 어마어마하게 큰 대기업을 몇 년 만에 문을 닫게 하기도 하고, 샤오미의 경우에서처럼 생전 듣도 보도 못한 신생기업이 세계를 휘청거리게도 한다. 즉 우리의 생활 바로 옆에 산업의 변화가, 좁게는 플랫폼의 변화가 다가와 있고, 그것은 생활에 지대한 영향을 미치고 있다.

 그런 의미에서 우리가 예상해 볼 수 있고, 천지개벽을 대비해야 할 다음 플랫폼은 무엇일까? 그것이 바로 현대를 살아가는 우리 모두의 고민일 것이다. 나는 진작부터 그것이 바로 자동차가 될 것이라고 예상했다. 그리고 그것을 입증하는 여러 가지 뉴스와 변화들이 이미 번

쩍번쩍 눈에 뜨인다.

 미래의 자동차는 크게 전기차를 위시한 신에너지차와 자율주행차로 구별되고, 그 안에서 무수히 많은 세부 시스템적 분화가 이루어질 것이다. 또한 자율주행으로의 변화만 해도 직업과 관련해 운전 관련 종사자의 실업 문제뿐 아니라, 일반인 운전자의 여가생활을 사로잡는 인포테인먼트 산업의 융성 문제 등 그로 인해 파생되는 문제가 한두 개가 아니다. 그러한 하나하나가 우리 생활에 미칠 영향을 생각하면, 대기업 총수들의 흔한 표현대로 '밤에 잠이 오지 않는다'.

 융합(컨버전스, convergence)을 말하지 않는 과학자, 기술자, 미래학자는 없다. 그러나 그들도 다들 어떤 의미에서는 자기 분야에만 충실하기 때문에, 실제로 융합의 최고 정점인 미래 자동차 분야에서 현재의 상황과 미래의 파급 효과에 대해서 융합적 조예가 깊은 사람을 많이 보지 못했다. 하물며 일반인들은 어떠하랴. 그런 관점에서 이 책은 이과를 전공하지 않은 학생과 일반인들도 쉽게 미래차에 대해 알 수 있게 하자는 목표 아래, 미래차와 관련된 용어와 메커니즘을 쉽게 제시하였다.

 테슬라를 비롯해서, 미래차와 관련된 여러 가지 기업들의 경쟁과 합종연횡의 상황을 일목요연하게 정리했고, 미래자동차 기술과 관련해서 어떤 연구들이 진행이 되고 있는지에 대해서 정리하여 제시했다. 미래차에 대해서 쏟아 붓는 어마어마한 연구 예산과 현황, 기업 간의 치열한 연구개발 상황을 제시하였으며 군데군데에 가상드라이빙이라는 파트를 넣어서. 현재 연구 중인 기술들이 실제로 구현된다면 어떤 모습일지 재현해 보았다. 경제경영서가 가지는 한계 중의 하나인 단순한 기술 소개에서 벗어나 미래차가 우리 생활에 어떠한 변화를 가져다줄지에 대한 소개에도 많은 시간을 할애했고, 첨단기술의 화두인 IoT(사물인터넷), 스마트폰, 커넥티드카, 스마트윈도우 등의 핵심 개념들이 어떻게 미래차와 연관되어 진행되는지에 대한 상관성에도 많은 지면을 할애했다.

 더운 여름에도 같이 비지땀을 흘려주고, 추운 겨울에도 손 비비고 작업을 해준 우리 회사 조성표주임, 주태원주임, 기초 자료 조사에서 큰 역할을 해주신 경인여대 이비즈니스 학과 연수생 분들에게도 감사드린다.

　하늘에는 드론 등의 경비행기가 땅 위에는 스마트카 등의 미래자동차가 펼쳐지는 세상에서, 여러분들은 앞으로 어떤 역할을 하며, 어떤 직업을 가지고 있을 것인가? 상상만 해도 흥분이 될 것이고 한편으로는 불안할 것이다. 그 변화의 시대를 살아가는 데, 이 책이 작은 지침서 혹은 가이드북이 되길 기대한다.

(주)비피기술거래 대표 **박기혁**

 Part 2 혁신의 출현, 스마트카

 Part 3 내일 우리의 자동차는?

Part
1

미래 자동차를
둘러싼 경쟁

1
테슬라 모터스와 자동차의 미래

1 어떤 자동차 회사의 배짱

"우리들의 모든 특허는 여러분의 것입니다."

2014년 6월 12일 한 자동차 업체의 홈페이지에 올라온 글이 전 세계의 이목을 집중시켰다. 그 회사의 CEO가 "다른 전기자동차 업체가 우리 회사의 특허 기술을 마음대로 가져다 사용해도 소송을 거는 일은 없을 것"이라고 선언한 것이다.

그 회사의 이름은 전기자동차 전문업체 테슬라 모터스^{Tesla Motors}이다. 2013년 기준으로 매출액 202만 달러, 총 자산 242만 달러 수준으로 자동차 제조회사 치고는 작은 규모[1]지만, 전기자동차 생산 분야에서 토요타와, 무인 자동차 분야에서 구글과 제휴하였을 뿐만 아니라, GM의 대표 전기자동차인 볼트로부터 미국 전기자동차 판매

---

1 같은 기간 GM의 매출은 1554억 달러, 총 자산은 1663억 달러 수준이며, 토요타는 매출 22조 엔, 총자산 35조 엔 수준으로 테슬라와 메이저 자동차 제조사의 규모 차이는 수만 배에 이른다.

량 1위 자리를 빼앗아올 정도의 기술력을 갖춘 회사이다. GM에서는 테슬라의 기술개발 움직임을 사전에 파악하기 위해 전담팀을 운용할 정도이니 말 다한 셈이다.[2]

테슬라 모터스

테슬라가 이 특허 공개를 통해 기대한 것은 전기자동차 산업 전반의 진보였다. 테슬라의 경쟁자는 소규모 전기자동차 제조업체가 아니라 내연 기관 자동차를 생산하고 있는 메이저 자동차 업체라는 것이다. 특허 공개에 따른 위험에 대한 우려의 목소리에 테슬라는 산업에서 기술 리더십은 특허가 아니라 재능 있는 엔지니어를 끌어들이고 동기를 부여하는 데서 나오는 것이라 자신 있게 답했다.

증권가에서는 해당 이벤트에 대해 긍정적인 반응을 보였다. 특허 공개를 한다고 해서 후발주자들이 단기간에 테슬라 수준의 제품을 생산할 수도 없을 뿐더러, 이에 따라 자동차 산업의 패러다임이 전기자동차 쪽으로 변화가 가속된다면 선도기업인 테슬라는 더욱 견고한 지위를 얻게 될 것이라는 전망이다.

---

2 피터 틸, 『제로 투 원』, 한국경제신문사, 2014

공개 대상 특허 242건의 면면을 살펴보면 과열방지, 충전, 배터리 팩 등과 같은 배터리 관련 특허가 약 70%에 달하고, 그 외 모터 제어, 디자인 등처럼 일반 자동차 기술 관련 특허가 30% 수준이다. 배터리의 단가와 성능이 시장성을 결정하는 전기자동차 산업의 특성상 테슬라가 공개한 배터리 기술은 전기자동차 업계에 지속적인 영향을 미칠 것으로 예상된다. 일각에서는 테슬라의 특허 공개는 배터리 관련 기술의 3분의 2 이상을 보유하고 있는 한국 및 일본 업체를 압박하려는 전략이라는 의견도 있다.[3]

어제까지만 해도 팔로알토 본사 로비에는 테슬라 특허의 벽wall of Tesla patents이 있었습니다. 이제는 더 이상 그렇지 않습니다. 전기자동차 기술의 진보를 위해, 오픈 소스 운동의 정신으로 그것은 사라졌습니다.

테슬라 모터스는 지속가능한 운송 수단의 출현을 가속시켜왔습니다. 우리가 타인을 억누르기 위해 지적재산권의 지뢰를 숨긴다면, 우리는 주목할 만한 전기자동차를 만들어내는 길을 닦는다는 그 목표와 반대되는 일을 하고 있는 것입니다. 테슬라는 곧은 신념을 가지고 우리의 기술을 사용하길 원하는 그 누구에게라도 특허 소송을 하지 않을 것입니다.

제가 첫 번째 회사인 집투Zip2를 시작했을 때, 저는 특허가 좋은 것이며, 얻

3   김형욱, 「[車엿보기]토요타는 왜 수소연료전지차 특허를 개방했을까」, 이데일리,
http://www.edaily.co.kr/news/NewsRead.edy?newsid=01462886609239032&SCD=JC11&DCD=A00301

기 어려운 것이라고 생각했습니다. 그것들은 먼 옛날에는 아마 좋은 것이었겠지만, 오늘날에는 진보를 억압하는 것에 불과합니다. 활동적인 발명가들보다는 큰 회사들이 자신의 위치를 고수하고 법의 테두리 안에서 스스로를 살찌우기 위한 것입니다. 집투 이후, 저는 특허를 사는 것은 실제로는 그저 소송을 위한 복권을 사는 것을 의미한다는 것을 깨닫고, 가능한 그런 상황을 피하기 시작했습니다.

대형 자동차 회사가 우리의 기술을 카피해서 그들의 대형 설비와 마케팅, 영업 파워를 이용하여 테슬라를 압도하는 것은 아닐지 우려하는 분들도 있습니다. 그러나 테슬라는 그것이 특허의 범주가 아니라고 생각합니다. 우리는 더 이상 걱정하지 않습니다. 불운한 현실은 기회이기도 합니다. 대형 제조사들의 전기자동차 프로그램, 혹은 석유를 태우지 않는 운송 수단 프로그램은 전체 매출의 1%도 되지 않습니다.

가장 좋은 경우는 대형 자동차 회사들이 자동차 전체를 배설물이 전혀 없는 전기자동차로 생산하는 것입니다.

– 테슬라의 엘론 머스크

위와 같은 테슬라의 파격적인 행보 이후 업계에서는 특허 공개가 잇따랐다. 한 달 후에는 BMW가 삼성SDI와 공동 개발한 배터리 셀 기술을, 2015년 1월에는 토요타가 수소연료전지차^{FCV} 제조 기술에 대한 특허 5680건을 2020년까지 공개할 것을 선언하였다. 또한 테슬라의 특허공개 이후 GM과 BMW가 총 25건의 특허를 인용했다는 보고가 있다.[4] 정리하자면 테슬라 특허 공개 이벤트 이후 업계의 진입장벽이 낮춰지고 있으며, 공개된 특허들 역시 유의미하게 이용되고 있다는 것이다. 그렇기 때문에 결과적으로는, 테슬라가 추구하는 비전인 전기자동차의 확산이 이루어지고, 이를 통해 더 나은 세상으로의 진보를 꿈꾸는 엘론 머스크의 이상이 드높여질 것이다.

2 최고의 자동차

2014년 크리스마스에 엘론 머스크는 테슬라의 고급 스포츠카 로드스터가 로스엔젤레스에서 샌프란시스코까지 600킬로미터의 거리를 충전 없이 주파할 수 있게 되었다고 알렸다.

새로운 '로드스터3.0'은 충전식 배터리를 사용하는 전기자동차 형태의 스포츠카로, 고질적인 한계였던 주행거리를 가솔린 엔진을 이용하는 스포츠카 수준으로 비약적으로 끌어올렸다는 것이다. 새로운 로드스터가 현실화되기 위해서는 기존 동력원인 리튬이온 배터리 에너지를 기존보다 30% 이상 끌어올리고, 공기역학성과 타이어 회전 저항 등을 대폭 개선해야만 한다.

---

4 전자신문 미래기술연구센터(ETRC), 광개토연구소, 「테슬라, 거품인가?」, 2014.

이미지 출처 : 테슬라 모터스 홈페이지

테슬라 로드스터3.0

　테슬라는 세단형 전기자동차 모델S 개발을 위해 2012년 1월 기존 로드스터 판매를 중단한 바 있다. 하지만 그 동안 테슬라는 모델S를 개발하는 과정에서 얻은 효율 개선 노하우를 바탕으로 1회 충전 주행거리를 당초보다 거의 60%나 늘리는 데 성공한 것이다.

　전기자동차의 고출력 진가를 살린 스포츠카 로드스터는 2008년 처음으로 출시되었다. 그때까지만 해도 전기자동차는 상용화하기에는 기술 수준이 떨어져 메이저 자동차 제조회사에서는 제품라인의 구색을 맞추는 용도, 신흥기업에서는 친환경 산업 분야에서 정부의 지원금을 확보하기 위한 수단에 불과하였다. 시장에 나와 있는 제품이라 해봐야 가격이 비싸고, 주행거리도 짧으며, 디자인 수준마저 떨어지는 것들이었다. 하지만 그럼에도 불구하고 수요가 있었다.

몇몇 부유층들은 비록 못생기고 불편한 전기자동차라고 해도 친환경적이고 지적인 인상을 주기 위해 구매를 해왔기 때문이다. 테슬라는 이러한 수요를 포착하여 최고급 스포츠카를 디자인하였고 미국 서부의 신흥 부자들, 특히 할리우드의 연예인들을 대상으로 영업에 들어갔다. 결국 조지 클루니나 레오나르도 디카프리오 같은 할리우드 스타들이 구매에 나서면서 로드스터는 11만 달러에 이르는 고가에도 불구하고. 1200대가 팔리는 기염을 토했다. '세계 최초의 전기 스포츠카'라는 콘셉트가 무리수로 끝나지 않은 것이다.

로드스터의 최고 속력은 209km/h로 스포츠카 치고는 낮은 수준이지만 전기모터로 구동되는 특성상 가속도가 빼어나 제로백(전력 질주를 했을 경우 정지 상태에서 100km/h 속도에 다다르는 동안 소요되는 시간)까지 4초밖에 걸리지 않는다. 세계에서 가장 빠른 슈퍼카인 람보르기니 디아블로, 엔쵸 페라리와 경쟁할 만한 수준인 것이다. 엘론 머스크는 "로드스터의 경쟁자는 포르셰지 혼다 어코드가 아닙니다."라고 언급한 바가 있다. 전기자동차의 한계를 극복한 로드스터는 다른 전기자동차 중 최고가 아니라 내열기관을 탑재한 일반 차를 포함한 집단에서도 최고의 차를 지향한다는 의미이다.

2015년 컨슈머리포트는 테슬라의 '모델S'를 100점 만점에 총점 99점으로 '올해 베스트 자동차'로 선정했다. 모델 S는 고가에도 불구하고 2014년에 이

이미지 출처 : 테슬라 모터스 홈페이지

테슬라 모델S

어 2년 연속으로 최고의 영예인 '베스트 자동차'로 선정됐다. 컨슈머리포트는 "2014년에 새로 출시된 자동차 중에 그 어떤 차도 '모델S'를 넘어서는 새로운 혁신과 기술을 보여 주지 못했다"고 그 이유를 설명했다.

3 실리콘밸리에서 태어난 자동차

테슬라 모터스의 이력은 특이하다. 일반적인 자동차 회사와는 다르게 첨단IT회사의 성지인 실리콘밸리에서 창업한 것이다. 테슬라는 전기자동차라는 개념을 단순히 엔진을 모터로 대체한다는 수준으로 받아들이지 않았다. 의자의 위치를 조정하는 기능이나, 사이드 미러와 같은 자동차의 '부가기능'들은 테슬라에 있어 각각의 '앱APP'

일 뿐이다. 차의 전면 중앙에 위치한 17인치 터치스크린 디스플레이는 이미 하나의 태블릿과도 같다. 아이패드나 갤럭시 탭과 같은 태블릿PC를 이용하듯 터치스크린을 조작하면 온도 조절, 선루프 개폐 등 차내 환경을 섬세하게 컨트롤할 수 있다. 즉, 테슬라의 전기자동차는 자동차의 형태를 가지고 수많은 기능들을 구현하는 하나의 플랫폼인 것이다.

테슬라는 2003년 미국 캘리포니아에서 페이팔의 공동창업자로 유명한 엘론 머스크와 컴퓨터 공학자 마틴 에버하드 등 5명이 모여 만든 회사다. 이들이 스타트업 테슬라모터스를 공동 창업하면서 전기자동차의 새 역사가 시작됐다.

4 엘론 머스크에 대하여

테슬라의 창업자 엘론 머스크는 남아프리카공화국 출신이다. 그는 어려서부터 컴퓨터 프로그래밍을 독학하여 12살에는 비디오 게임 코드를 직접 짜서 500달러에 팔기도 했다. 17살에 미국으로 건너와 펜실베이니아 대학교에서 물리학과 경제학을 전공했으며, 스탠퍼드 대학교 물리학 박사과정에 들어갔지만 창업을 위해 단 이틀 만에 자퇴했다.

1995년 그는 인터넷을 기반으로 지역 정보를 제공하는 집투라는 회사를 설립하였다. 이 사업은 신문사들을 고객으로 하는 서비스로, 《뉴욕타임스》, 《시카고트리뷴》 등 유명 지역지들을 대상으로 하였다.

창업 4년 만인 1999년 엘론 머스크는 집투를 컴퓨터 제조업체인 컴팩에 매각하여 2200만 달러

웃고 있는 테슬라의 엘론 머스크

를 벌어들였다. 같은 해 그는 온라인 금융 서비스를 제공하는 사업 엑스닷컴X.COM을 시작하였고 1년 만에 경쟁사였던 콘피니티confinity를 인수 합병했다. 이 콘피니티에서 개발한 서비스 중 하나가 이메일 결제 서비스인 페이팔Paypal이다.

엘론 머스크는 페이팔에서 미래를 직감하고 엑스닷컴의 사명을 페이팔로 교체, 이메일 결제 서비스의 고도화에 집중하였다. 2002년 엘론 머스크는 페이팔을 온라인 쇼핑몰인 이베이eBay에 매각하였는데, 그 매각 금액이 무려 15억 달러에 달했다.

당시 엘론 머스크에게 돌아온 금액은 1억 7천만 달러로, 그는 이 돈으로 곧장 우주로켓기업 '스페이스X'를 설립하였다. 스페이스X는 로켓을 개발하여 저가형 우주여행과 화성 식민지 사업을 목표로 하는 회사이다. 2008년 9월, 스페이스X의 로켓 팰컨1이 발사에 성공

하였고, 미국항공우주국NASA은 국제우주정거장ISS에 화물을 수송하는 사업자로 스페이스X를 선택하였다. 스페이스X는 지금까지도 민간업체로는 유일하게 '우주 화물선'을 운행하고 있다.

이 기간 동안 엘론 머스크는 2003년 테슬라모터스를, 2006년 태양광발전기업 솔라시티를 창업한다. 솔라시티는 2015년 2월 구글이 3억 달러 규모의 투자계획을 밝혀 다시 화제가 되고 있는 재생에너지 업체로, 건물 옥상에 태양광 전지를 설치하여 전력을 생산하는 비즈니스 모델을 가지고 있다.

엘론 머스크는 대학 시절부터 인터넷, 우주, 재생에너지에 인류

이미지 출처 : NASA

스페이스 X의 우주비행선 드래곤

의 미래가 있다고 확신해왔다. 사업가이자 공학자로서 그의 역동적인 행보는 위 세 가지 분야를 향상시켜 인류의 생존과 번영에 이바지 하는 것. 인터넷 분야는 페이팔로, 우주사업은 스페이스X로, 청정 재생에너지사업에 대한 열망은 테슬라와 솔라시티로 반증된다.

그러나 아무리 그래도 아직까지 엘론 머스크하면 '전기자동차'이다. 그는 기존의 자동차 산업의 패러다임을 뒤집어 IT 제조 기업을 자동차 산업에 도입해 자동차 산업과 IT 산업의 경계를 허물었으며 동시에 엄청난 비용을 절감하는 능력을 보여주었다. 2012년에 출시된 테슬라 모델S는 자동차 업계가 수상하는 상을 모조리 휩쓸며 《컨슈머리포트》에서 창간 이래 가장 높은 점수인 99점을 받았고, 빅 히트를 치게 된다. 또한 테슬라의 첫번째 100% 전기자동차인 '로드스터'는 배기가스 분출구가 없어 진동이나 소음도 거의 없을 뿐 아니라 한 번 충전으로 394킬로미터를 갈 수 있는 기염을 토했다. 정지 상태에서 400미터까지 가는 순간 속도에서 포르쉐를 이겨 세계를 놀라게 했다.

하지만 엘론 머스크는 세상을 단순히 놀라게 하는 수준을 넘어 경악하게 만들었다. 테슬라의 모든 특허를 공개한 것이다. 그는 어느 누구라도 테슬라의 특허를 이용해 제품을 만들어도 괜찮다고 했다. 그는 오히려 테슬라의 특허를 이용해 전기자동차의 지형이 훨씬 넓어진다면 테슬라에게 더 유리하다고 당당히 말한다. 전기자동차는 원래 최근에 개발된 자동차가 아니다. 20세기 초부터 꾸준히 나왔지만 가솔린 자동차 앞에서 힘을 전혀 쓰지 못했다. 그러나 엘론 머스크로 인해, 그리고 테슬라의 특허 공개로 인해 지금까지 한 세기 넘게 이어왔던 자동차의 판도가 바뀔지도 모를 일이다.

5 테슬라는 자동차 산업을 삼킬 수 있을 것인가?

1) 차별화된 전략으로 접근

일반적으로 전기자동차는 배터리의 한계 때문에 당장 가격이 싸지거나 무게가 가벼워지기 어렵다는 인식이 지배적이다. 따라서 기존 완성차 회사들은 이 한계를 극복하기 위해 더 작고 싼 전기자동차를 만들려고 노력해 왔다. 그러나 테슬라는 부유층의 얼리어댑터를 대상으로 처음부터 비싼 고성능 전기자동차를 개발하는 차별화된 전략을 내세웠다. 한 번 충전에 426Km/h를 가고, 정지 상태에서 시속 100킬로미터까지 5.6초에 주파하는 고성능 전기자동차가 테슬라의 대표적인 모델S의 콘셉트이다. 이것은 주행거리뿐만 아니라 속도에 있어서도 기존의 고급 스포츠카를 능가하는 수준이었다.

이외에도 테슬라는 기존의 자동차들과 완전히 다른 차라는 것을 어필함으로써 차별화 전략을 펼치고 있다. 기존 자동차의 엔진룸 위치인 자동차 앞부분에 위치한 트렁크, 계기판을 대체하는 17인치 태

테슬라 모델S의 내부

테슬라 자동차의 전면 트렁크 부분

블릿PC, 주행 시 문손잡이가 차체 안으로 숨는 기능 등 생각지 못했던 요소들을 통해 소비자가 흔쾌히 고액을 지불할 수 있도록 했다. 마치 애플이 아이폰의 재미 요소를 강조하면서 스마트폰 대중화를 이끌어 낸 것과 비슷하다고 볼 수 있다.

2) 인프라 구축을 통해 고객을 확보

전기자동차 산업의 발전을 위해서는 충전소 같은 인프라의 확충이 절대적으로 필요하다. 이에 테슬라는 자회사인 솔라시티의 태양광 시스템을 이용해 테슬라 슈퍼차지 네트워크를 구축했다. 테슬라의 자동차를 구입한 고객에게 평생 어느 곳에서나 무료충전 서비스

테슬라 무료충전소

를 제공하는 방안도 추진하고 있다. 이미 실리콘밸리를 중심으로 8
개의 무료충전소를 운영하고 있으며, 내년까지 27개로 늘릴 계획이
라고 한다. 물론 가정용 전기를 이용한 충전이 가능하지만, 슈퍼차
지 네트워크가 구축된다면 따로 연료비를 들일 필요 없이 자동차를
탈 수 있게 된다.

3) 애플의 마케팅 사례를 적극 활용

테슬라의 마케팅 방식도 주목을 받고 있다. 테슬라의 자동차는 대
리점이나 딜러를 거치지 않고 직영점을 통해서만 판매를 하고 있다.
특히 옷이나 신발을 파는 쇼핑몰에 테슬라스토어를 만들어 사람들이
테슬라의 기술에 대해서 손쉽게 배우고 자동차를 접할 수 있도록 하
였다. 사람들이 테슬라스토어에서 자동차를 살펴보고 색상이나 옵션
등을 스스로 디자인해서 바로 주문할 수 있도록 만든 것인데, 이것은
애플의 판매 전략을 그대로 따온 것이다. 테슬라는 애플스토어를 성

공시킨 마케팅전문가를 영입해서 그 시스템을 적용하고 있다.

애플의 아이폰이 스마트폰의 대중화를 이끌면서 우리 생활의 많은 부분에서 변화를 가져왔는데, 테슬라의 전기자동차가 우리 생활의 어떤 부분에서 변화를 가져올지 유심히 살펴볼 필요가 있다.

4) 배터리 공포 해법

우리가 전기자동차를 운전할 때 가장 우려하는 것이 주행 도중 배터리가 방전되어 차가 멈춰 서게 되는 경우일 것이다. 이 배터리 공포에 대한 해법으로 테슬라모터스는 배터리 경고 시스템을 도입했다. 주행 도중 충전된 전기에너지가 바닥나는 난감한 사태를 방지하기 위해서이다. 테슬라의 세단형 전기자동차 '모델S'에 버전 6.2 소프트웨어 업데이트를 통해 이를 해결했다. 이 업데이트에는 '주행거리 안심'이라는 기능이 포함돼 있다. 주행 중 배터리에 남아 있는 전력량과 함께 주변에 있는 테슬라 전기자동차 충전소의 위치를 실시간으로 확인해서, 만약 배터리가 버티지 못할 우려가 생기면 운전자에게 경고를 하는 것이다. 꼭 필요한 경우 운전자가 경고를 무시하고 계속 주행하는 것도 가능하지만, 그 전에 확인을 두 차례 해야 한다. 엘론 머스크 테슬라 최고경영자CEO는 "이는 운전자들에게 마음의 평안을 주기 위한 것"이라고 설명했다. 테슬라는 전 세계에 2200여 개의 충전기가 있는 403개 '슈퍼차저' 충전소를 만들었으며, 본거

지인 캘리포니아에서는 일부 충전소를 통해 30분 걸리는 배터리 급속 충전과 3분 걸리는 배터리 교환 서비스를 제공하고 있다.

5) 특허 오픈소스 도박

테슬라는 지난 2014년 6월 관련 보유 특허를 모두 시장에 공개했다. 마치 정장을 곱게 차려 입은 사업가가 현금을 가득 채운 가방을 들고 건물 옥상에 올라서서 하늘에 지폐를 마구마구 뿌리는 장면이 연상되지 않을까? 심한 비약이긴 하지만, 이처럼 속칭 '돈 되는' 특허 라이센스들을 오픈소스Open Source로 무료로 개방한 것은 공용화 자동차 업계에서도 테슬라가 처음이다. 전기자동차 확대에 필수 요건인 충전 및 충전 스테이션 구축 기술도 공개했다. 화끈하게 다 '퍼준' 셈이다.

2008년부터 본격적인 특허 활동을 시작한 테슬라는 지난 10년간 총 242건의 특허를 출원·등록했다. 이 회사 특허의 약 70% 가량이 배터리 기술이다. 테슬라가 특허를 공개함으로써 전기자동차 제조업체들은 배터리 가격과 성능 문제를 해결하는 데 좀 더 자유로워졌다. 이를 계기로 세계 전기자동차 시장에서 테슬라 방식의 배터리를 채택하는 진영이 더욱 확대될 전망이다.[5] 뿐만 아니라 배터리 업체

---

5 이충희 기자 "전기자동차 vs 수소차, 토요타/테슬라 특허 공개 강수", 〈뉴스토마토〉, 2015.01.05.
"http://www.newstomato.com/ReadNews.aspx?no=526244"

들의 가격 인하, 내연 기관 차에 대한 정부 규제의 가속으로 시장에서 일반적으로 전망하는 전기자동차 시장의 개화보다 그 속도가 더 빨라질 것이 분명하다. 이러한 기대감이 실제 시장 성장과 연결될지는 지켜봐야겠지만, 전기자동차 시장을 다시 환기시키는 중요한 촉매임은 분명해 보인다. 테슬라가 전기자동차 특허를 공개할 것이라는 시장의 기대감은 2014년 하반기 관련 업체의 주가 흐름만 보더라도 알 수 있다. 오픈이노베이션open Innovation의 주역인 테슬라를 비롯해 배터리 3강인 LG화학, 삼성SDI, 파나소닉 등의 주가가 10퍼센트 전후로 오르면서 전기자동차 관련 이슈가 관련 주가를 다시 들썩이게 만드는 원천이 되었다. 테슬라의 특허 공개는 분명 전기자동차 시장의 확대에 긍정적인 영향을 보일 것이 분명하다. 이러한 움직임들은 궁극적으로는 전기자동차의 대중화를 위해 전기자동차의 가격, 그리고 이를 위해서는 전기자동차 원가의 가장 큰 비중을 차지하는 배터리 가격 하락에 대한 요구라는 분석이 뒷받침 하고 있다.

요즘 화두가 되고 있는 것이 바로 오픈소스, 즉 소프트웨어 등을 만들 때 해당 소프트웨어가 어떻게 만들어졌는지 알 수 있도록 일종의 프로그래밍 '설계 지도'인 소스코드를 무료 공개, 배포하는 것이다. 물론 이 오픈소스라는 말의 어원은 컴퓨터 프로그래밍에서 나온 언어이지만, '모든 사람들에게 자신의 중요한 기술을 별다른 이득을 취하는 바 없이 대중적으로 이용 가능하도록 공개한다.'는 의미에서 여러 산업에서 차용하고 있다. 그리고 우리가 다룰 이 미래형 자동차의 발전 양상의 큰 축을 담당하는 전기자동차와 수소연료전지차 역시 원천 기술의 오픈소스를 두고 최근 화제가 되었다.

대부분의 사람들에게 인지도의 측면에서 상위에 있는 '테슬라'의 오픈소스 기사가 널리 알려져 있다. 엘론 머스크 테슬라 CEO는 지난해 2014년 6월 오픈소스 정신을 언급하며 "우리 기술을 이용하고 싶어 하는 사람을 위해 특허 소송을 진행하지 않겠다"라고 밝혔다. 테슬라의 발표는 특히 삼성과 애플이 유럽과 미국 등 전 세계 10여 국에서 특허 공방전으로 날을 세웠던 시기에 나온 터라 상당한 주목을 끌었다. 두 기업에 있어서는 사업 운영의 유리한 고지를 잡을 수 있는 전환점으로 볼 수 있지만, 테슬라가 '대인배' 노출 전략을 수행함으로서 간접적으로 애플/삼성에 비해 긍정적인 기업이미지를 형성하였다. 또한 하이브리드, 수소연료전지차 등 차세대 친환경차 후보군들을 제치고 주도권을 잡아 더 많은 수익을 창출하겠다는 엘론 머스크의 계산이 깔려 있는 것으로도 파악할 수 있었다.

자동차 업계에서 자신들이 보유한 특허 라이센스를 모조리 무료로 개방한 것은 테슬라가 확실히 최초다. 뿐만 아니라 전기자동차 확대에 가장 중요한 요소인 충전기술 및 충전소Station 구축 기술도 함께 내보냈다. 전 세계가 테슬라 전기자동차에 주목하는 이유는 독특한 배터리 방식 때문이다. 배터리는 전기자동차 제조 단가의 50% 이상을 차지하는 본질적인 요소이기에, 전기자동차의 경쟁력은 바꿔 말해서 배터리 생산 단가를 낮추고 배터리 용량을 늘리는 기술에 달려있다. 이는 곧 배터리 공급 기술을 확보할수록 여타 전기자동차에 투입되는 다른 부분의 가격 집중도를 높여서 퀄리티 향상을 가져올 수 있다는 의미이다. 확실히 세계 전기자동차 시장에서 테슬라 방식의 배터리에 대한 업계의 관심은 뜨겁다. 전기자동차 시장에서 활발한 움직임을 나타내는 곳은 GM과 BMW다. 실제로 지난 2년간 GM과 BMW가 테슬라 특허를 인용한 사례가 급증했다.

전자신문 미래기술연구센터ETRC와 특허분석 전문기업인 광개토연구소가 공동 발행한 IP노믹스IPnomics 보고서 「테슬라, 거품인가?」에 따르면, GM은 18건, BMW는 7건의 테슬라 특허를 인용했다. 특히 각 사의 신형 전기자동차 모델 출시 바로 전에 테슬라 특허를 인용한 것으로 분석됐다. 이외 포드, 르노자동차, 보쉬 등 완성차 및 부품 업체도 테슬라의 특허를 인용하는 사례가 늘었다. 국내 배터리업체인 삼성SDI도 테슬라 특허에 관심을 갖기 시작했다.

테슬라 기술에 대한 관심도는 주주 구성에 그대로 반영된다. 테슬라 지분은 설립자이자 CEO인 엘론 머스크가 27.0%를 보유했으며, 자동차업체 다임러 벤츠Daimler-Benz가 4.0%, 일본 배터리업체 파나소닉도 1.2%를 보유하고 있다.

6) 특허공개, 진짜 도움이 되는 알짜배기들일까?

흔히 우리가 남을 도울 때를 생각해 보자. 자신의 인격이 테레사 수녀나 법정스님같이 고매한 수준이 아닌 이상, 내 지갑이 빵빵하고 내 엉덩이가 따뜻할 때 남을 돌볼 수 있는 여유가 생기는 법이다. 마찬가지로 전기자동차 혹은 수소연료전지차 시장의 판을 키워보겠다고 테슬라와 토요타가 공개한 특허 기술들이 과연 실질적으로 '도움'이 되는 정보들로 가득한 것인지, 시장의 상황을 너무 순수하게 믿고 있는 것은 아닌지 조금 비판적인 시각을 견지할 필요는 있다. 자선사업에 앞장서는 기업이라도 기업의 목적은 언제나 '이윤창출'에 있다. 그리고 어떠한 문제에 대해 사업체의 규모나 시장 내의 포지션에 따라 업체들은 전혀 다른 판단을 한다. 앞서 언급했다시피, 전기자동차의 경우 GM, BMW를 비롯해 포드, 르노자동차, 보쉬 등의 글로벌 기업들이 테슬라의 전기자동차 특허, 특히 배터리 관련 특허를 이용하는 빈도가 높아지는 추세다. 하지만 반대로, 관련 특허를 샅샅이 뒤져보아도, 그닥 사용할 만한 기술이 없다고 생각하는 쪽도 있는 모양이다.

아래 내용은 최근 일본을 방문한 독일 폭스바겐의 포크마르 탄네베르거 전자·전장개발부문 담당 전무가 일본 경제주간지 《닛케이 비즈니스》와 인터뷰에서 테슬라와 토요타가 보여준 특허 공개에 대한 인터뷰를 정리한 기사를 인용한 것이다.

탄네베르거 전무는 "토요타의 특허 무상 개방 발표 직후 정밀 조사는 하지 않아 말할 건 없지만 테슬라가 특허를 개방한 후 조사한 결과 새로운 것은 아무것도 없었다."라고 말했다. "특허를 취득하고 나서 몇 년 후 업계 표준을 주도하려는 의도로 특허를 공개하는 것은 바람직하지 않다"며 "만약 기술 공개나 표준화가 필요하면 처음부터 그렇게 대처해야 한다."고 꼬집었다. 이는 업계 표준을 노리고 독점 기술을 개방한 토요타와 테슬라를 우회적으로 비난한 것으로 보인다.

폭스바겐 역시 2014년 세계 판매 1014만 대를 달성한 토요타와 함께 연료전지차 업계에서 선두그룹을 형성하고 있다. 다만 토요타와 조금 차이가 있다면, 폭스바겐의 경우 전기자동차와 수소연료전지차를 동시에 배급하는 전략을 사용한다는 점이다(수소연료전지차는 이미 생산 중이며, 전기자동차에 대해서는 충전 인프라의 완성 여부에 따라 빠른 생산이 가능하다고 밝혔다). 물론 위의 멘트 역시 폭스바겐이 테슬라나 토요타에 비해서 미래형 자동차 산업의 후발주자로 인식되는 상황에서, 경쟁 업체들이 시장 선점효과를 위해 내세운 '특허 오픈소스화'의 광고 효과 확대에 제동을 걸려는 의미가 내포되어 있음을 짐작하고서 이해해야 한다.

우리(폭스바겐)는 신기술을 개발할 때 반드시 관련 기술이 경쟁사에 있는지를 확인하고, 없어선 안 되는 기술 특허가 어디에 있는지를 파악한 후에 다른 자동차 제조업체 및 공급 업체와 어느 부분에서 협력이 필요한지를 결정한다.

토요타의 특허를 사용하지 않고도 수소연료전지차의 생산과 보급이 가능할 것인지를 묻는 질문에 대한 탄네베르거 전무의 대답이다. 이는 대놓고 토요타와 정반대의 노선을 걷고 있음을 천명한 것이다. 유무형의 제품을 막론하고, 선두 그룹을 쫓는 후발주자들의 모션은 단순하다. 선두 그룹을 똑같이 모방하거나 선두와는 정반대의 노선을 취하는 것이다. 미래형 자동차 시장에서 폭스바겐의 향후 움직임을 주시해 보는 것도 상당한 재미를 줄 것이다.

테슬라가 상상하는 미래의 자동차 세계

빌딩이 자욱하게 들어선 LA의 도심, 그 사이로 가지가지 뻗어나가는 도로들. 도로 옆에는 많은 사람들이 걸어 다니고, 도로 위에는 여러 모양의 차들이 지나다니고 있다. 신호등은 이미 사라진 지 오래이다. 왜냐하면 더 이상 운전자들은 신호등을 주시할 필요가 없기 때문이다. 운전자들은 전방의 환경을 주시할 필요도 없고, 브레이크를 밟을 필요도, 운전대를 잡을 필요도 없다. 운행은 시스템에서 제어 되며, 모든 차들이 하나의 거대한 로봇의 부품처럼 움직이게 되었다. 이제 각각의 자동차는 상황을 파악하고 선택할 수 있는 수준의 인공지능을 갖춘 시스템에 의해 움직이게 됐다. 이러한 자동차들의 통합적인 연결체를 '테슬라^{Tesla}'라고 부르게 됐다. 테슬라모터스가 하나의 대명사가 되었다는 이야기이다. 이러한 하나의 통합된 시스템 하에서 사람들은 자동차 운전에 대해 신경을 쓰지 않아도 됐고, 이는 결국 다른 생산적인 활동을 할 수 있는 시간이 확보되었다는 이야기이다.

미래에는 아마도 이와 같이, 하나의 시스템으로 모든 차량과 인프라들이 통신을 하고, 서로의 정보를 실시간으로 교환할 것이다. 이렇게 교환한 정보들은 각각의 차량에게 상황에 대한 예측을 가능하게 하고, 위의 사례처럼 사람들이 새로운 것을 탐험할 수 있는 시간적 여유와 편안함을 제공할 것이다.

2
미래차
시장을 위한
경쟁

1 다윗과 골리앗의 싸움, 승자는?

여러분들도 한 번쯤은 다윗과 골리앗의 이야기를 들어 봤을 것이다. 싸움에서 다윗이 자신보다 훨씬 덩치가 큰 골리앗을 이길 수 있었던 이유가 무엇일까? 그 이유는 바로 다윗은 기존의 사람들이 가지고 있던 생각, '덩치가 크면 당연히 싸움에서 이길 것이다.'라는 생각과 싸울 수 있었기 때문이다. 다윗은 골리앗과 싸운 것이 아니라, 다윗을 바라보는 사람들의 편견과 싸운 것이다. 다윗과 골리앗의 싸움 이야기를 간단히 정리해 보자. 당시 이스라엘과 팔레스타인은 항상 크고 작은 전쟁을 계속하고 있었다. 그러나 이스라엘은 팔레스타인에 비해 약소한 나라였고, 팔레스타인의 골리앗은 전쟁을 끝내고자, 자신감이 지나쳐 자만심을 부렸다. 바로 이스라엘에서 자신을 꺾을 수 있는 사람이 있다면 여기서 전쟁을 끝내고 팔레스타인이 이스라엘을 주인의 나라로 받들어 모시겠다는 모욕적인 이야기를 전한 것이다. 그 이야기를 들은 이스라엘은 골리앗의 상대로 다윗이라는 한 양치기를 내보낸다. 그 싸움을 지켜보는 많은 병사들은 '다윗이 어떻게 골리앗을 이겨? 말도 안 돼.'라고 생각한다. 심지어는 같은 편이었던 이스라엘의 병사들조차 의심스러운 눈빛으로 다윗을 쳐다보았다. 하지만 다윗은 단 한 번

골리앗을 참살한 다윗(1866년)

의 돌팔매로 골리앗의 이마에 정확하게 돌멩이를 맞혔고, 머리를 정통으로 맞고 쓰러진 골리앗에게 재빠르게 달려가 그의 목을 베었다. 다윗은 자신의 장점을 정확하게 알고 있었으며, 골리앗의 약점도 정확하게 알고 있었다. 그렇기 때문에, 골리앗은 다윗을 얕잡아보고 무시했다가 목숨을 잃은 것이다.

그러나 우리는 이 상황 역시 매우 이례적이란 것을 알고 있다. 그렇기 때문에 이 이야기가 후세에도 계속 전해지는 것이다. 대부분의 사람들이 다윗처럼 강자에게 덤빈다면 그것은 아마 담대함이 아니라, 무모함으로 비춰질 것이다. 준비가 되지 않은 패기는 무모함이라고 생각된다. 그러니까 대체적으로는 강자가 약자를 이겼을 것이

다. 만약 다윗과 골리앗이 다시 싸운다면 골리앗은 절대로 방심하지 않을 것이고, 다윗은 아마 골리앗에게 질 것이다.

스마트카 시장에서의 경쟁도 비슷하다. 기존의 자동차 시장을 지배하고 있는 많은 업체들이 있다. 예를 들면, 벤츠, BMW, 재규어, 람보르기니, 현대, 기아 등등. 이러한 기업들이 자동차 시장에서 가지고 있는 영향력은 골리앗에 비견될 만큼 거대하다. 그러나 다윗의 영리함과 담대함, 그리고 민첩함을 가진 IT 기업들의 강점도 얕볼 수 없다.

앞으로 펼쳐질 미래의 자동차 시장에서 중요한 것은 자동차를 '잘' 만들어 내는 것일까? 아니면, 자동차를 '새롭게' 만들어 내는 것일까? 그 치열한 줄다리기는 애플, 구글과 같은 새로운 세력들과 벤츠, 토요타, BMW, 현대와 같은 전통의 강자들의 대결에서 시작된다.

이미지 출처 : 애플 카플레이 홈페이지

애플의 카플레이

애플은 지난 2014년 3월, 아이폰 사용자들을 위한 카플레이^{CarPlay}를 공개했다. 자동차와 아이폰을 연결해 마치 스마트폰을 사용하는 것처럼 자동차 대시보드를 사용할 수 있다. 비록 아직은 제한적이지만 시간이 더 지나면 iOS의 풍부한 애플리케이션 생태계를 자동차 내에서도 볼 수 있을 것으로 기대된다. 벤츠, 볼보 등의 자동차 업체들은 애플과 파트너십을 맺고 2014 제네바모터쇼에서 카플레이를 탑재한 자동차 모델들을 선보인 바 있다.

구글도 이에 맞서 2014년 6월, 안드로이드 스마트폰 사용자들을 위한 안드로이드 오토^{Android Auto}를 선보였으며, 독자적인 커넥티드카 연합인 OAA^{Open Automotive Alliance}를 발족했다. 여기에는 혼다, 아우디, 제너럴모터스, 현대기아차 등 세계적인 자동차 업체들을 비롯해 LG전자, 파나소닉, 엔비디아 등이 가입돼 있다.

안드로이드 오토

차량용 인포테인먼트 시스템 외에도 커넥티드카^{connected car}의 중요한 부분은 '센서'이다. 차량용 인포테인먼트가 스마트폰의 다양한 기능을 통해 편의를 제공한다면 자동차의 바퀴, 엔진, 헤드라이트 등에 탑재된 센서들은 사용자에게 보다 안전한 운전 경험을 제공하며 나아가 교통 정체 상황과 같은 전체 시스템에서의 개선을 도모한다.

예를 들어, 볼보가 2015년 MWC에서 선보인 'V2V^{Vehicle-to-Vehicle}' 통신 시스템은 자동차에 있는 센서들이 전방에 있는 빙판길이나 사고 상황을 실시간으로 알려주는 기능을 한다.

만약 볼보 자동차가 빙판길을 지나게 되면 바퀴의 센서는 빙판길의 GPS 위치 정보를 볼보의 서버에 전송하며, 이 정보는 다시 해당 빙판길 인근에 있는 볼보 자동차들에 전송되어 운전자에게 경고하게 된다. 현재 볼보의 스웨덴 연구소에서 개발중인 이 기술은 자동차들로 하여금 지속적으로 데이터를 주고받게 해 차선을 변경하기 전 주변 자동차들의 위치를 알려주거나 전방의 사고 현장을 경고해 연쇄추돌 사고를 방지하게 된다.

이러한 커넥티드카의 궁극적인 모습은 무엇일까? 바로 모든 상황을 자동차가 판단, 제어해 스스로 운전하는 무인자동차라고 할 수 있다. 전문가들은 무인자동차는 하나의 로봇이기 때문에 음주운전이나 부주의 등으로 사고를 낼 수 있는 사람에 비해 훨씬 안전하게 운전할 수 있으며 나아가 매우 체계적인 교통 시스템을 구현할 수 있다고 전망하고 있다.

실제로 세상을 바꿀
각종 비밀 프로젝트를
진행하는 구글 X에서는
무인자동차 실험을 미국
캘리포니아, 네바다, 플
로리다, 미시간 총 4개

구글 무인자동차

주에서 진행하고 있으며, 12만 킬로미터에 달하는 거리를 성공적으
로 주행했다고 한다. 물론, 변수가 많은 실제 도심에서 완전히 무인
자동차를 운행하기 위해서는 아직 더 많은 시간이 필요할 것으로 보
인다.

2 다윗의 도전, 애플과 구글

최근, 애플과 구글이 '자동차'를 놓고 일대 격전을 펼칠 것이라고
《비즈니스인사이더[B]》가 이야기했다. 양사는 차량용 운용체계인 '카
플레이'와 '안드로이드 오토'를 발표한 적이 있다. 2015년부터는 실
제로 이를 탑재한 자동차가 속속 출시되고 있다.

시장조사업체 IHS에 따르면 2020년이면 거의 4000만 대의 자동
차가 안드로이드 오토를 사용할 것으로 보인다. 카플레이도 비슷한

규모인 3710만 대 자동차에 적용될 것이다. 구글과 애플은 자동차 시장에서 치열한 접전을 벌일 것으로 보인다. 스마트폰 등 모바일기기는 세계적으로 포화 상태에 놓여 있으며 커넥티드카는 5년 후 2억 2000만 대가 전 세계에 출시될 것이다. 이 가운데 8800만 대 가량이 애플과 구글 플랫폼 서비스를 이용할 것이라는 게 「BI인텔리전스」의 전망이다.

최근 「BI인텔리전스」 보고서에 따르면, 폭스바겐과 현대차 등 총 40개 이상 신차에 연내 카플레이 탑재가 예정되어 있다. 애플이 먼저 치고 나가고 있는 상황이다. 하지만 이 같은 추세는 2016년을 기점으로 구글 '안드로이드 오토' 쪽으로 기울어질 것으로 보인다. 기존 안드로이드 폰과 연계가 본격화되기 때문이다.

카플레이는 운전자들이 아이폰을 연결해 음악과 내비게이션, 문자·통화 기능 등을 사용할 수 있다. 이러한 기능은 주로 애플 음성 명령 서비스인 '시리Siri'를 통해 이뤄진다. 운전대에 있는 버튼이나 대시보드에 설치된 터치패널을 통해서도 조작이 가능하다. 지난 3월 구글 플레이를 통해 일반에 공개돼 현재 미국과 영국, 호주 등지서 사용이 가능한 안드로이드 오토 역시 '음성 모드'를 기반으로 구글맵 구동과 음악 선곡, 메일 수·발신, 통화 송·수신 등이 이뤄진다.

안드로이드 폰과 연동된다는 점 때문에 대중성 측면에서 애플을 앞선다는 게 가장 큰 장점이다.

1) 애플

애플이 전기자동차 사업에 진출할 것이라는 예상이 나왔다. 제프 윌리엄스 애플 운영담당 선임 부사장이 한 콘퍼런스에서 앞으로 투자 방향에 대

애플 전기자동차

한 질문에 "자동차는 궁극의 모바일 기기다."라고 말함으로써, 영국 《파이낸셜타임스ᶠᵀ》 등에서 애플이 전기자동차 사업 진출을 시사한 것이 아니냐는 보도를 시작했다.

그간 애플이 자동차 기술자·디자이너들로 비밀 팀을 만들어 전기자동차 사업 진출을 준비 중이라는 보도가 잇따라 나와, 이번 발언이 전기자동차 사업 진출을 암시한다는 예측이 제기되는 것이다. 그는 애플의 자동차 인포테인먼트 시스템 '애플 카플레이'를 예로 들며 "우리는 모든 종류의 범주를 탐구 중이다."라고 설명했다. 애플 카플레이는 제너럴모터스ᴳᴹ가 올해 하반기 출시 예정인 차세대 경차 쉐보레 스파크에 탑재된다. 포드차와 현대차 등도 내년부터 애플 카플레이를 지원한다. 또한 애플은 차세대 TV셋톱박스를 발표하며 TV와 관련된 사업 계획을 공개한다고 전했다.

구글도 '안드로이드 오토'로 자동차 인포테인먼트 시스템 진출을

알렸다. 안드로이드 오토는 안드로이드 스마트폰을 자동차의 USB 포트에 꽂으면 자동차 스크린이 스마트폰 화면처럼 변하는 방식으로 작동한다.

2) 구글

구글은 전기자동차 시장에서 발 빠르게 움직이고 있다. 기존 자동차업체에서 활용할 수 있는 운영시스템을 제공하는 동시에 독자 모델도 개발 중이다. 이 중 구글과 특히 긴밀하게 프로젝트를 진행한 기업은 아우디다. 이것이 미국 라스베이거스에서 열린 2014 국제전자제품박람회^{CES}에 구글이 개발한 자동주행 시스템이 장착된 아우디 전기자동차가 등장한 배경이다. 현대차와 메르세데스 벤츠는 구글 글래스를 인포테인먼트^{인포메이션+엔터테인먼트} 가젯^{특별한 이름이 붙어 있지 않은 작은 기계 장치·도구·부속품}으로 활용하는 방식을 검토 중이다.

구글은 이미 300개 넘는 전기자동차 관련 특허를 보유하고, 스마트카용 운영시스템과 차량용 인포테인먼트 기술에서 앞서 있다. 애플은 음성 인식 기술 '시리'에 기반한 지식 내비게이터 적용에 힘쓰고 있다. 애플의 운영시스템인 iOS로 자동차를 조작하는 기술 개발에도 성공해 사업을 함께할 자동차 브랜드를 놓고 고심 중이다. 두 기업은 미국 소비자 선호도에서도 가장 앞서 있다. 「캘리블루북^{KBB}」의 미국 시장조사 결과에 따르면 차량용 인포테인먼트 운영체제 선

구글 무인자동차

호도 1위는 애플(38%), 2위는 구글(32%)이었다.

자동차 업체들은 스마트카 시장을 선점하기 위해 IT기업과 적극적으로 손을 잡고 있다. 삼성 갤럭시기어나 구글 글래스가 대표적이다. 웨어러블 기기를 활용해 자동차 배터리 현황과 충전 시간은 물론 운행 기록 등 기본적인 자동차 상태를 확인할 수 있다. 주차 위치, 연료 잔량 등 자동차 상태 정보를 원거리에서 확인하고 관리하는 기술도 실용화를 앞두고 있다. 테슬라 · 닛산 등 전기자동차 선도기업은 미국 통신기업 AT&T와 손잡고 관련 기술을 개발 중이다.

앞으로 자동차 제조사와 IT기업은 새로운 경쟁관계를 형성할 가능성이 크다. 글로벌 IT기업이 궁극적으로 원하는 것은 전기자동차 시장을 주도하는 것이다. 구글 · 애플 · 삼성전자 · LG전자 등 글로벌

IT기업은 이미 전기자동차 생산 인프라를 구축하고 있다.

기존 자동차는 엔진이 내연 기관 생산 벨트의 중심이다. 이와 달리 전기자동차는 모터와 배터리가 자동차의 핵심 장비다. 전기자동차 시장이 활짝 열린 시점에서 배터리와 전기모터 기술력을 확보한 IT기업은 내연 기관 업체와 대등한 경쟁이 가능하다. 테슬라와 같은 신흥 기업이 성공할 수 있었던 것도 바로 여기에 있다. IT기업들은 이미 전기자동차 자체 제작을 준비 중이다. 애플은 콘셉트카인 '아이무브iMove'를 기획 중이다. 이것은 맥킨토시 하우스에서 디자인을 담당한 3인승 전기자동차다. 애플은 2020년까지 기존의 자동차와는 다른 브랜드를 만들겠다는 계획이다. 구글은 2007년부터 '리차지IT RechargeIT'이라는 프로젝트를 추진해 전기자동차를 개발했고 이미 상업성 테스트까지 마쳤다.

애플과 구글이 자동차 인포테인먼트 사업에 뛰어들면서 전기자동차 시장을 활성화할지에 대해 관심이 집중되고 있다.

3 전통의 강자, 골리앗의 위엄

1) 아우디

아우디는 2018년에 1회 충전으로 최대 500킬로미터 이상 갈 수 있는 전기 스포츠유틸리티차량SUV 모델을 출시할 예정이라고 밝혔다. 이 차는 차세대 아우디 Q5를 기반으로 제작되며 무게를 줄이고 주행거리를 늘리는 데 도움이 되는 폭스바겐그룹의 2세대 MLB 플랫폼을 적용한다. 아우디가 전기자동차와 플러그인하이브리드[PHEV]를 위해 개발한 새로운 디자인도 활용할 방침이다. 이어 주력 SUV 모델인 Q8을 2019년 내놓을 계획이라고 한다.

아우디 회장 루퍼트 슈타들러[Rupert Stadler]는 "향후 10~15년 내에 플러그인하이브리드는 자동차 구매자들에게 바람직한 선택이 될 것"이라며 "플러그인하이브리드가 장거리 여행을 위한 내연 기관과 도심주행을 위한 전기모터가 최상의 조합을 이루고 있기 때문"이라고 설명했다. 이어 "전기자동차 주행거리 향상과 급속 충전을 위한 인프라 구축은 전기자동차 시장 확대에 크게 도움이 될 것이다. 우리는 글로벌 성장 기조를 유지하기 위해 올해 대규모의 계획들을 가지고 있으며 전 세계에 다른 자동차 브랜드에 비해 더 빠른 성장을 이뤄낼 것이다."라고 밝혔다.

아우디는 자율주행차 모델에 이어 전기 SUV 모델 출시 계획을 발표하며, 자체 성장을 위한 준비에 한창이다.

2) 벤츠

요즘 자동차는 IT를 안고 진화를 거듭하고 있다. 독일의 벤츠는 향후 주행 상황을 모니터링 해서 장애물을 피할 수 있도록 하는 등 위험한 상황을 예방해 주는 '프리−세이프' 기술을 통해 운전자와 탑승자의 안전도를 높일 예정이다. 그리고 차선 이탈을 방지해 주는 기술도 전면에 있는 장애물을 인지해 운전자가 피할 수 있도록 돕는다. 벤츠는 전화, MP3, 네비게이션 시스템의 핵심 기술이라고 간주되는 커맨드 시스템 기능이 각종 기능을 간단하게 통제할 수 있어, 부주의로 인한 교통사고를 예방할 수 있을 것이라 기대하고 있다.

한편 벤츠는 LG전자와 스테레오 카메라 시스템을 개발하고 있다. 무인주행자동차의 핵심 부품인 스테레오 카메라 시스템은 자동차 전방의 위험을 관찰하고 교통 정보를 수집하는 등 자동차의 눈 역할

사진 출처: Fingerhut / Shutterstock.com

벤츠 SLS AMG 전기자동차

을 한다. 스테레오 카메라 시스템은 주행 중 운전자가 미처 발견하지 못한 장애물이 나타나더라도 자동으로 인식해 바로 멈출 수 있도록 자동차를 제어한다. 이 시스템은 정확한 전방 인식으로 자동차가 주행차선 이탈 시 운전자에게 경고음으로 알려주기도 한다. 또, 도로 위 속도제한 표지를 자동으로 인식해 자동차가 제한 속도를 넘지 않도록 제어할 수도 있다.

자동차 경쟁은 단순 이동 수단이라는 자동차의 본질을 넘어 자동차 기업 간 경쟁이 아닌 수많은 다른 회사들이 참여하는 거대한 경쟁이 될 것이다. 또, 자동차가 스마트폰 격인 스마트카로 그 기능이 향상되면서 관련 서비스 경쟁도 격화될 것이다. 자동차가 스마트망 연결 자동차로 진화하면 자동차 업계는 새로운 국면을 맞닥뜨릴 것이다. 이미 몇몇 자동차 회사는 새로운 산업에서 특허 및 플랫폼을 공개하면서 표준화 전쟁의 우위를 점하려는 경향을 보이고 있다. 또 자동차의 미래는 BMW, 토요타 등 기존 완성차 업체와 IT 중심의 새로운 자동차(구글, 테슬라, 애플 등)로 구분될 것이다. 시장의 중심도 제품과 부품 판매 외에 인터넷 망과 연결돼 다양한 서비스를 제공하는 새로운 비즈니스로 이동할 것이다. 우리도 10년 이내에 이뤄질 자동차 업계의 변화에 적응하고 그것을 넘어서 기회를 잡아야 할 것이다.

닛산의 리프

3) 닛산

전기자동차 시장의 절반을 차지하고 있는 닛산이 미래 전기자동차 시장에 전략과 포부를 밝혔다. 닛산은 배터리의 주행거리와 파워 향상에 초점을 맞추고 있다. 첫째, 화학 및 기계 공학적으로 배터리 셀의 에너지 밀도와 패키징 효율을 높이면서도 안전성을 유지할 계획이다. 이 경우 한 번 충전으로 갈 수 있는 거리는 획기적으로 늘어나게 된다. 둘째, 전기 파워트레인의 사이즈 감소 및 효율성을 향상시킨다. 이로써 차의 디자인은 물론 공간도 더 넓게 개선시킬 수 있다. 셋째, 무선 충전 기술의 개발로 고객들의 편의를 높인다. 자율주행 시스템과 결합되면 차가 스스로 충전하는 단계까지 진화가 가능하다.

4 국내 기업들의 경쟁

1) 현대

현대자동차는 2018년까지 양산형 순수 전기자동차 모델을 개발해 출시할 예정이다. 기아자동차의 '레이'처럼 기존 모델에 차세대 구동장치를 단 파생형 전기자동차가 아니라 순수 전기자동차용 신모델을 내놓는 것이다. 현대차가 순수 전기자동차 개발에 다시 나선 건 2010년 개발된 비양산형 전기자동차 '블루온' 이후 4년 만이다.

현대에서는 "정몽구 회장의 지시로 전기자동차 단독 모델을 2018년 출시하기 위해 2014년부터 연구개발을 하고 있다. 양산형 전기자동차 단독 모델 개발을 위해 테슬라의 '모델S' 두 대를 지난해 말에 남양연구소로 들여왔다"며 "한 대는 성능 테스트용, 한 대는 연구개발을 위해 전체를 뜯어봤다."고 밝혔다.

현대차가 출시할 순수 전기자동차 모델은 엔진 설계는 물론 변속 시스템 등 전반적인 구조를 기존 승용차와 완전히 다르게 만들 것으로 알려졌다. 차종은 BMW의 첫 전기자동차 i3처럼 경제성을 강조한 소형차에 초점을 맞추고 있다. 여주대학교 변영호(자동차학과) 교수는 "하이브리드나 파생형 전기자동차는 기존에 설계된 자동차 구조에 구동장치를 얹는 방식이라 개발비용 절감을 위한 과도기적 형태에 불과하다."며 "순수 전기자동차 모델은 핵심인 배터리의 위치를 중심으로 자동차 구조를 완전히 새로 짜기 때문에 주행 성능과 효율성을 극대화할 수 있다."고 설명했다.

2018년까지 3만 달러대 보급형 전기자동차 모델E를 내놓는다는 계획이다. 이에 맞서 독일 BMW는 2015년 5월께 첫 전기자동차인 'i3'를 한국을 포함한 글로벌 시장에서 출시했다. 최저 가격은 유럽 시장 기준 3만 5000유로^{약 5000만 원}로 기존 수입 중형 세단과 비슷한 가격대다. 나라마다 친환경차 구입 보조금이 지급될 경우 실구입가가 3000만 원대로 내려갈 가능성도 있다. 전기자동차가 더 이상 미래 차가 아니라 언제든 비교 선택이 가능한 차가 됐다는 신호다.

현대차의 순수 전기자동차 개발은 안팎의 위협에 따른 생존 전략이자 미래 전략이다. 세계 전기자동차 시장은 2020년까지 634만 대 규모로 성장할 전망으로 경쟁은 이미 뜨겁다.

또한 현대차는 포스코 ICT와 협약을 맺고 친환경차 충전 인프라 구축에 도전한다. 대형 마트, 백화점, 영화관 등에 120개 이상의 충전기를 설치하고, 직영 서비스 센터, 출고센터 등의 사업 거점에 7월을 시작으로 2017년 내에 총 121기의 충전시설을 구축할 예정이다. 또한 향후 전국 각 지점과 대리점, 시승 센터, 블루핸즈 등 2200여 개에 달하는 전 사업장에도 충전기의 설치를 확대하여 전국적으로 전기자동차의 확산을 위한 인프라 충전 시스템을 만들고 있다.

게다가 자동차 시장에서 리스가 차지하는 비율은 매우 크다. 현대는 이 리스 제도를 전기자동차에도 도입하고 있다. 현대 캐피탈은

4250만원인 기아차 쏘울EV를 보조금 혜택을 모두 받는 리스로 이용할 경우 월임대로 44만원에서 47만원 수준으로 이용할 수 있다. 리스료에는 취득세, 공채, 자동차세 등이 모두 포함되어 있다.

2) LG

LG전자하면 직관적으로 어떤 게 떠오르는가? 스마트폰, TV, LG U+ 등 이런 것들이 떠오르지 않는가? 하지만 스마트카와 LG를 연결시켜서 생각해 본다면 어떨까? 일단, 차세대 스마트카는 단순한 자동차에서 더 나아가 바로 '전자 제품'이라는 카테고리에 발을 들여놓고 있다는 것이다. IT기술의 발전은 자동차도 궁극적으로 웹에 연결되어 여러 가지 통신이 가능하도록 만들었다. 게다가 배터리는 차

LG전자	차량용 인포테인먼트 부품	차량용 내비게이션·블랙박스, 모바일 기기 연동용 부품 개발 및 생산
	차량용 부품 설계	LG CNS 산하 차량용 부품 설계 회사인 V-ENS 인수합병
LG화학	전기차용 배터리	리튬이온전지 특화한 배터리 개발해 GM·포드·르노·현대기아차 등에 공급
LG디스플레이	차량용 디스플레이	차량용 내비게이션 패널 생산, LCD 사용 계기판 연구 개발
LG이노텍	소형 모듈·모터	정밀구동 기술 적용한 모터, 디스플레이용 파워 모듈, 차량용 LED 등 개발 및 생산
LG하우시스	플라스틱 내·외장재	자동차 범퍼 등에 장착되는 내·외장재 생산, 차량용 소재 연구개발

LG에 신설된 전기차와 관련된 연구

세대 스마트카의 핵심적인 동력원이다.

LG는 자체적으로 소프트웨어를 개발할 능력도 있으며, 전자 제품을 개발하는 위치에서도 강점을 지니고 있다. 또한 LG는 화학과 전자, 그리고 이노텍, CNS 등의 업체에서 전기자동차에 필요한 핵심적인 역량들을 가지고 있다. 대표적으로 LG전자는 차량용 모터, 컴프레서 등을 만들 수 있고, LG화학은 전기자동차용 배터리 모듈, 그리고 LG CNS는 전기자동차 전용 충전 솔루션을 구축할 수 있다.

그렇다면 이런 흐름에 맞춰서 LG도 충분히 전기자동차 시장에서 자사의 포지션을 확보할 수 있지 않을까? 그리고 역시나 현재 LG는 완성차 수준의 전기자동차를 만드는 프로젝트 '비스타^{VISTA}'를 전격 가동 중이다. LG전자를 비롯한 각 계열사의 역량을 더할 경우 LG는

삼성전자와 LG전자의 전기자동차 부품 경쟁

차체를 제외한 전기자동차 부품을 모두 만들 수 있어 향후 전기자동차 시장을 겨냥할 수 있을 것이다.

3) 삼성

삼성이 스마트 자동차 사업에 다시 뛰어든다. 15년 전 2000년도에 외한 위기 여파로 르노자동차에 삼성자동차를 넘기며 자동차 시장에서 철수했지만 삼성은 다시 부활했다. 삼성이 차세대 공략 대상으로 전기자동차에 눈독을 들이고 있다는 사실은 모두 들어봤을 것이다. 삼성SDI는 보쉬와 합작법인으로 전기차 배터리 기술을 보유할 수 있었다. 또한 삼성전자는 포드자동차의 R&D팀과 협력하여 하이브리드차의 회생제동 시스템과 12볼트 납축전지에 연결되는 리튬이온 배터리를 공동 개발하고 있다.

삼성전자	차량용 인포테인먼트 시스템
삼성SDI	전기차용 배터리팩
삼성전기	순수전기차용 모터
	후방 카메라
삼성LED	헤드램프
섬성토탈	범퍼용 경량화 소재
제일모직	플라스틱 경량화 소재

삼성이 만드는 전기차 주요 부품

이에 삼성그룹은 차세대 성장 동력으로 급성장할 것으로 예상하는 친환경 스마트카를 위한 구조 개편에 나섰다. 삼성SDI는 주력 부문인 배터리 사업을 세계적인 수준으로 키우기 위해, 매출 비중 35% 수준인 화학 부문을 롯데그룹에 매각하고 배터리 사업에 집중했다. 자동차의 일반 부품부문에서도 최근 경기도 용인의 교통연구원에 국산차와 수입차 업계의 엔지니어들을 스카우트하여 50여 명으로 구성된 전담팀을 꾸렸다. 또한 미래의 전기차, 자율주행차 등 '미래형 자동차'에 사용될 부품사업을 확장시키고 있다.

삼성은 스마트카를 미래 신수종사업으로 보고 자율주행 자동차 분야에서 구글, 애플 등과 경쟁할 것으로 예측된다. 또한 LG그룹도 자동차 부품사업을 성장 동력으로 육성하겠다는 계획을 내보여, 스마트카 시장을 둘러싸고 대기업 간 경쟁이 치열해질 것으로 예측된다. 삼성의 한 관계자의 말로는 "스마트카를 만드는 데 필요한 껍데기를 제외하고 자동차 사업을 하는 데 필요한 모든 것을 삼성이 본격적으로 하게 된 것"이라고 설명을 덧붙였다.

최근 삼성전자는 첫 전략적 행보로 조직개편을 통해서 스마트카 개발을 위한 '전장사업팀'을 공식적으로 만들었다. 또한 자율주행차의 '두뇌'를 개발하기 위해서 세계적 자동차 업체인 독일 BMW와 손잡았다. 삼성과 BMW의 동맹을 계기하여 미래 자동차 시장을 주도하기 위한 글로벌 업체들의 작업도 한층 빨라질 것으로 예측된다.

Part
2

혁신의 출현,

스마트카

1
스마트
카?

1 자동차의 중요성

단언컨대, 자동차는 인류 최고의 발명품 중 하나라고 말할 수 있다. 다음과 같은 상황을 상상해 보자. 가족들과 저녁 식사를 하고 소파에 앉아 TV를 켰는데, '내일부터 자동차 이용 전면 금지'라는 뉴스가 흘러나오고 있다. 아버지는 "내일 출근은 어떻게 하라고?"라고 말하면서 황당하다는 표정으로 TV를 쳐다보셨다. 어머니는 "뭐? 왜 갑자기? 아니 내일 장보려고 했는데 차를 쓰지 말라니?"라고 말하며 어이없어 하셨다. 그런데 정말로 자동차가 없어진 세상을 상상해 보면 난감한 일이 한두 가지가 아니다. 자동차는 우리 가족뿐만 아니라, 전 세계 사람들의 일상과 아주 밀접하게 관련이 있다는 것을 쉽게 알 수 있다.

그렇다면 이러한 자동차를 대체할 수 있는 것이 있을까? 어떤 물건의 중요성은 그 물건을 대체할 수 있는 대안이 있는지, 아니면 없

미래 자동차와 시작하는 하루

'오전 7:00분, 오늘 아침도 어김없이 시끄러운 알람 소리와 함께 눈을 떴다. 침대에서 약간 늑장을 부리다가, 기지개를 켜고 일어났다. 비틀거리며 화장실 앞에 섰다. 간만에 상쾌한 아침이다. 밤새 지겹도록 부비대던 잠옷을 벗어 놓고, 샤워기 앞에 섰다. 천천히 수도꼭지를 돌렸다. 쏴아아 하는 소리와 함께 물줄기가 떨어진다. 무심코 물에 들어가는 순간, '아차,' 하는 생각과 함께 몸서리 쳤다. '정신이 번쩍 드는군.'이라고 생각하며 적당하게 물의 온도를 맞추고 머리를 감기 시작했다. 머리를 감으면서 오늘 해야 할 일들을 생각했다. 하루 종일 움직여야 될 것 같다. '무슨 외근이 이렇게나 많은지,'라고 생각하며 샤워를 끝내고서 나왔다. 스마트폰은 오늘의 아침 식단을 추천해 줬다. 어제 콩나물을 사와서 그런지, 아침부터 콩나물국을 추천해 준 덕분에 간단하게 아침을 먹었다. 밥을 먹고 일어서니 알람이 울린다. "오늘의 날씨는 구름이 많으며 평균 온도는 20도입니다." '비는 안 오나? 우산을 챙길 필요는 없겠네.'라고 생각하며 옷을 입고, 문을 나섰다. 주차장으로 내려갔다. 차 근처로 다가가자 자연스럽게 위잉 하는 소리와 함께 문이 열렸다. 자리에 앉자마자, 좌석을 뒤로 밀었다.

운전대와 떨어져서 조금 더 편하게 스크린을 보기 시작했다. 오늘 해야 할 업무와 관련된 내용들을 주욱 넘겼다. '오늘은 정말 바쁜 하루가 될 것 같아. 출근하면 바로 회의에 들어가야 하고, 그리고 강남으로 가서 S.C 프로젝트 담당자와 ITO의 개괄에 대해서 이야기를 하고, 또……'라고 스크린을 보며 생각을 하는 와중에도 이 신기한 자동차는 알아서 주차장을 빠져나오고 있었다. 문득 시선이 바

끝으로 돌아갔다. '도대체 어떻게 만들었을까?' 하는 생각과 함께 "스마트카를 어떻게 만들었는지 알려줘."라고 스크린에 있는 누군가에게 말을 건넸다. "알겠습니다."라고 대답한 그녀는 다시 말했다 "스마트카를 만드는 과정은 먼저, 간단한 공정을 거쳐, 차체를 만들어 냅니다. 이 후에 가장 중요한 전원인 배터리의 모듈과, 배터리의 효율을 최대로 할 수 있는 Sensorless BLDC모터를 장착을 하고, CPU와 소프트웨어를 장착한 뒤에 엔진의 구동력을 테스트 합니……." "됐어 거기까지만 해." '도대체 무슨 소리인지 모르겠군.'라고 생각하고 다시 회사 내부 어플리케이션을 띄워 오늘 해야 할 일들의 자세한 내용을 읽었다. 그리고 다시 '언젠가는 이 핸들도 사라지게 되겠군, 지금도 거의 손을 댈 필요가 없으니 말이야.'라고 생각했다.

미래의 자동차는 아마 위와 같은 모습으로 우리의 일상에 다가올 것이다. 자동차와 운전자 상호 간의 대화가 가능한 자동차. 그리고 사용자의 취향과 습관을 잘 파악하고, 인간을 좀 더 이해하는 자동차 말이다.

느지에 많은 영향을 받는다. 이러한 개념을 대체 가능성의 여부라고 한다. 여러분이 현재 가지고 있는 물건들 중에서, 그 목적을 대체할 수 있는 대안이 없는 물건들의 가치는 더욱 높아진다. 예를 들면, 우리는 지금 이틀째 굶어서 진짜 배가 고프다고 생각해 보자. 이때 누군가가 와서 우리가 가진 라면을 2만 원 상당의 영화표와 바꾸자고 말한다. 여러분은 어떤 것을 선택할 것인가? 영화표는 분명히 가치 있는 물건이다. 그리고 평소에 가지고 싶었던 것이었다. 하지만 우리는 지금 이틀째 굶어서 배가 너무 고프다. 이 상황에서 영화표가 라면을 대체할 만한 가치가 있는 물건일까? 아마 그 영화가 아무리 가치가 있더라도 라면을 대체할 수는 없을 것이다.

자동차 역시 마찬가지이다. 아버지가 직장에서 집으로 오기 위해서 필요한 도구는 여러 가지가 존재하겠지만, 그중 자동차가 가장 편리한 운송수단이다. 물론 걸어오실 수도 있겠지만, 그러다가는 집에 도착하자마자 다시 출근 준비를 해야 할지도 모르겠다. 자동차는 개인을 위한 이동 수단이다. 이것보다 더 효과적으로 빠르게 한 사람을, 혹은 작은 규모의 집단을 운송하는 수단은 없다. 먼 미래에 개인을 위한 더 작고, 더 값싸며, 더 편리하고, 더 쉽게 사용할 수 있는 물건이 발명되지 않는 한 개인을 위한 운송 수단으로 자동차를 대체할 수 있는 것은 없다는 말이다.

2 스마트카의 출발

스마트카의 역사는 얼마나 될까? 1년? 10년? 100년? 200년? 산업 혁명 이후부터? 스마트카가 존재하는 가장 근본적인 이유는 무엇일까? 바로 '사람을 편하게, 멀리, 빨리 한 장소에서 다른 장소로 옮겨주는 데 도움을 주기' 때문이다. 그렇게 본다면, 스마트카의 기원은 탈 것의 기원으로부터 시작된다고 볼 수 있다.

자동차의 영어 표기는 automobile로, 라틴어인 'autos, 스스로'와 'movere, 움직이게 하다'는 단어의 조합이다. 역시 한문 표기도 마찬가지로 '自動車, 스스로 움직이는 수레'라는 뜻이다. 아주 먼 예전에는, 노예도 짐승과 같은 취급을 받았다. 그렇기에 마차나 인력거는 그들에게 자동차나 마찬가지였을 것이다. 자신이 움직이지도 않는데 한 장소에서 다른 장소로 가게 해주기 때문이다. 그 시기에는 마차나 혹은 사람을 이용한 탈 것이 주요한 운송 수단이었다. 그러나 17세기 과학 기술의 급격한 발전과 새로운 기계인 증기기관이 발명되면서, 기계 장치를 이용한 탈 것들이 등장하기 시작했다.

산업 혁명이 시작되면서, 1700년대 제임스 와트가 새로운 동력원인 증기기관을 개발했고, 1769년에는 프랑스에서 세계 최초의 증기 자동차를 발명해 우리가 현재 알고 있는 자동차라는 모습의 출발점이 됐다. 그러나 증기 기관에 의한 자동차는 그 효율성이 매우 떨어졌기에, 좀 더 나은 동력원에 대한 연구도 계속 되었다. 그중 전기를

니콜라스 퀴뇨의 증기 기관을 이용한 최초의 자동차

동력으로 하는 시도가 가장 먼저 등장했다.

전기자동차는 디젤 엔진, 가솔린 엔진을 사용하는 오토사이클 방식의 자동차보다 먼저 고안되었다. 1830년부터 1840년 사이에 영국 스코틀랜드의 사업가 앤더슨이 전기자동차의 시초라고 할 수 있는 세계 최초의 원유전기마차를 발명했다. 1835년에 네덜란드의 크리스토퍼 베커는 작은 크기의 전기자동차를 만들었다.

전기자동차는 증기자동차나 가솔린 자동차에 비해 냄새, 소음, 진동이 적었기에 선호되었다. 부유층들은 화려하게 치장된 전기자동차를 이용하였다. 1873년 로버트 데이비슨Robert Davidson이라는 영국인이 제작한 자동차는 최초의 실용적인 자동차로 평가되었다. 1880년도에는 미카유 폴이라는 프랑스인이 납배터리를 탑재한 전기자동차를 만들면서 자동차 시대가 본격적으로 시작되었다. 전기자동차가 내연 기관 자동차보다 먼저 상용화되었다.

1886년 독일의 칼 벤츠는 '말 없이 달리는 마차'를 만들기로 결심했다. 당시의 증기자동차는 엔진 점화 과정이 복잡하고 무게가 많이 나가 이동수단으로써 안정성이 떨어졌다. 증기기관을 대신해 동력을 전달할 가솔린 엔진이 니콜라우스 오토에 의해 발명되었기에 벤츠는 이를 기반으로 한 자동차를 개발했다. 칼 벤츠는 자신이 발명한 '말 없이 달리는 마차'에 '페이턴트 모터바겐Patent Motorwagen: 특허 자동차'이라는 이름을 붙였다. 새롭게 등장한 운송 수단에 대한 소식을 들은 에밀 로저는 칼 벤츠에게 설계도를 받아 1888년부터 프랑스에서 이 자동차를 생산 판매하기 시작했다. 칼 벤츠는 이후 고틀립 다임러와 회사를 합쳐 다임러-벤츠를 설립하였는데, 이 회사가 지금의 다임러 AG로 메르세데스-벤츠 브랜드를 생산하는 회사이다.

1895년에는 프랑스의 미쉐린 형제가 공기압 타이어를 발명하면서 자동차의 역사는 좀 더 빠르게 변화하기 시작했다.

1900년대 초, 각종 자동차 브랜드가 등장하기 시작하면서 자동차 역사에서 혁명적인 변화가 일어났다. 이전의 자동차가 마차에 엔진을 위한 공간을 얹은 형태에 가까웠다면, 이 시기에는 자동차의 형태와 구조에 대한 기준이 정립되기 시작했다. 다양한 제조사들이 경쟁을 시작하면서 이전까지 주 이동수단으로 쓰이던 마차가 빠르게

카를 벤츠가 발명한 최초의 내연 기관(가솔린 엔진)을 이용한 자동차

사라지기 시작한 때이기도 하다.

1900년대 초에 미국 텍사스에서 원유가 발견되면서 가솔린 자동차의 경제성이 급등하였고, 가솔린 자동차는 이후 100년 간 전기 자동차를 제치고 자동차업계의 주류로 자리 잡았다. 이런 상황에서 1908년 포드에서는 컨베이어 벨트를 이용하여 모델T를 대량 생산하면서 자동차의 대중화에 성공하게 된다.

1900년부터 1918년까지는 내연 자동차 구조에 대한 기준이 정립되는 시기였다. 1880년대와 1890년대에 시도된 수많은 방식들 중에서 미국에서 가장 많이 사용되는 구조가 내연 자동차의 구조로 확립

포드의 모델T

되었다. 당시에 정립된 표준 자동차 구조는 파나르 르바소가 고안한 파나르 시스템이었다. 파나르 르바소는 여러 제작 업체들에게 파나르 시스템을 알려주었고, 비로소 표준화된 자동차가 제작되었다. 파나르 시스템의 구조는 엔진을 자동차 앞부분에 위치시키고, 후륜구동 굴림 방식, 내연 기관 그리고 활동 기어를 탑재한 것이 특징이다. 즉, 우리가 현재 접하고 있는 자동차들의 핵심적인 구조가 이때부터 시작된 것이다.

　이 시기에는 수백 개의 자동차 제작 회사들이 등장했다. 이 회사들은 서로 매우 치열하게 경쟁했다. 그 결과 자동차 기술 개발 역시 빠르게 진행되었다. 1930년 로버트 보쉬Robert Bosch가 고안한 전기 점화 방식, 1910년과 1911년 사이에 찰스 커터링harles Kettering이 개발한 전기 자동 시동기[6] 등, 그 외에도 독립 현가식 장치[7], 4륜 브레이크 등도 이 시기에 개발되었다. 1919년부터 1929년에 만들어진 자동차들은 지붕을 가지고 있었고, 엔진이 앞에 있었다. 그리고 표준화된 제어 프로세스에 의해서 제작되었다. 내연 기관 엔진의 개발로 인해서 고급 차량에서는 다중 밸브와 오버헤드 캠 엔진이 채택되었다. 심지어 최고급 차종에는 V8, V12, V16 엔진들이 장착되기도 했다.

대공황이 일어난 이듬해인 1930년에서 제2차 세계대전의 복구 시기인 1946년까지의 시기에 제작된 자동차를 클래식 자동차라 부른다. 물론 최근까지도 계속 기능이 개선되고 있지만, 1930년대까지 자동차에 사용되는 대부분의 기술이 발명되었다. 예를 들어, 전륜 구동 굴림 방식은 이전에 고안되었지만 앙드레 시트로엥André-Gustave Citroën이 1934년 새롭게 고안해 시트로엥 트락숑 아방Citroën Traction Avant에 적용하기도 했다.

대공황으로 인해 자동차 제조 회사의 수가 점차 감소 추세에 있

---

6 이전에는 직접 운전자가 엔진의 내부에 점화를 해야만 했다. 그러기 위해서 마찰력을 이용해서 점화를 시키는 막대를 돌려야 했다. 그러나 직접 전기를 이용해 점화를 할 수 있게 되면서 운전자들은 좀더 편하게 엔진에 시동을 걸 수 있게 되었다.

7 현가장치는 서스펜션 시스템이다. 쉽게 말하면 스프링을 이용해서 차체가 받는 충격을 감소시키는 장치를 말한다.

1922년~1939년 오스틴 7
© Gertan / Shutterstock.com

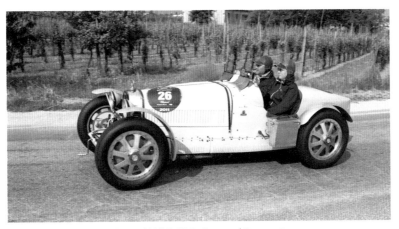

1924년-1929년 부가티 타입 35 ©ermess / Shutterstock.com
부가티 타입 35는 전시대를 통틀어 가장 성공적인 경주용 자동차였다.
이 자동차는 5년 동안 여러 자동차 경주 대회에서 무려 1000번 이상의 우승을 차지했다.

고, 인수합병이 이루어지면서 자동차 산업이 성숙기에 접어들었다. 이 시기에 제작된 자동차들 중에 가장 유명한 자동차는 1934년~1956년까지 생산된 시트로엥 트락숑 아방이다. 일체 구조식 차체 기술과 전륜구동 방식으로 대량 생산된 최초의 자동차로, 자동차 기술 역사에 있어 걸작으로 기억되는 자동차이다.

1950년대에는 전 세계로 자동차가 보급되기 시작했다. 게다가 엔진의 출력과 주행 속도가 크게 발전했다. 이 시기에는 소형자동차가 크게 유행했다. 알렉 이시고니스Alec Issigonis가 개발한 미니Mini와 피아트 500이 유럽을 휩쓸었고, 일본에서는 경자동차가 보급되었다. 전설적인 폭스바겐의 비틀은 히틀러가 만들어낸 독일의 국민차임에도

시트로엥 트락숑 아방 ⓒArno van Dulmen / Shutterstock.com

제2차 세계대전에서 살아남아 미국 시장에서 돌풍을 일으키기도 했다. 캐딜락 엘도라도Cadillac Eldorado와 같은 최고급 자동차도 오랜 공백 기간을 거쳐 다시 출현했고, 페라리 아메리카와 같은 GT카가 유럽에서 인기를 끌었다. 1960년대의 미국에서는 포니카와 머슬카의 등장으로 자동차 성능이 큰 이슈가 되고 있었다. 1964년 머슬카인 포드 머스탱이 시장에서 큰 인기를 끌면서, 1960년대 초반에 가장 유명한 자동차 중 하나가 되었다. 1967년에는 쉐보레가 카마로Camaro를 내놓아 머스탱과 경쟁했고, 계속해서 1968년에는 카마로 Z28을 출시했다.

그러나 승승장구하던 미국 자동차 업계는 1973년 석유 파동이 일

미니 ©Fedor Selivanov / Shutterstock.com

포드 머스탱

어나면서 크게 약화되기 시작했다. 자동차 배기가스 배출 규제, 일본과 유럽으로부터의 자동차 수입 증가, 뒤처진 기술 등등이 그 원인이었다. 1970년대를 거치는 동안 유럽과 일본에서 수입된 BMW, 닛산, 토요타의 소형 자동차들은 미국과 이탈리아에서 생산된 큰 배기량의 자동차들보다도 더 높은 성능을 발휘하면서, 미국 자동차 시장을 잠식해 나갔다.

일본은 미국 시장을 기반으로 1970년에 530만 대 생산기록을 세우고, 1974년에는 268만 대 수출로 세계 최대 수출국으로 부상하면서 미국, 유럽과 함께 세계 자동차 시장을 지배하는 3극화 체제를 형성하게 된다.

전쟁 이후 자동차 산업의 가장 큰 기술적 발전은 독립 현가 방식이 대중화되고 다양한 연료분사 방식이 개발되었다는 데 있다. 또 이 시기에는 자동차를 설계하는 데 있어서 점점 안전을 고려하기 시작했다. 1960년대 들어 가장 주목받은 기술은 NSU의 펠릭스 방켈^{Felix Wankel}이 고안한 로터리 엔진과 가스 터빈 그리고 터보차저였다.

1990년에 들어 대기오염에 대한 문제의식이 확산됨에 따라 그 해결책으로 전기자동차의 상용화를 꼽는 분위기가 미국을 중심으로 조성되었다. 1970년에 오일쇼크 이후 에너지 안보에 대한 위기감 역시 고조되었고 대체 연료에 대한 관심 역시 함께 높아지는 참이었다. 이러한 사회 분위기와 맞물려 정부에서도 친환경 자동차를 지원

제네럴 모터스 사의 EV1

하는 정책들을 내기 시작했다. 그러한 환경을 대변하듯 1996년 제너럴 모터스GM사는 양산 전기자동차 1호로 볼 수 있는 'EV1' 전기자동차를 개발했다. 이 전기자동차는 미국 캘리포니아 지역에서 임대형식으로 보급됐다. 그러나 본래 예상했던 것보다 배터리 기술 개선 속도가 늦어지면서 전기자동차의 보급도 거의 실패로 돌아갔다. GM사는 수요가 적어 수익성이 낮자 1년 만에 전기자동차 'EV1'의 조립라인을 폐쇄했다.

하지만 2000년대 후반에 들어서 다시 석유가격이 급등하고 미국, 유럽 등 서구시장을 중심으로 환경 관련 규제가 강화됨에 따라 하이브리드 자동차이나 전기자동차에 대한 관심이 늘어나고 있다. 배

터리 기술은 과거에 비해 어느 정도 성과를 이루었고, 정부의 온실
가스 감축을 위한 환경 관련 정책 역시 전기자동차의 확산에 영향을
미치고 있다.

3 현재의 자동차는 어떤 모습일까?

이렇게 100년이 넘는 역사를 가진 자동차 산업에서 차세대 자동
차의 구분은 인간 친화적인 자동차와 환경 친화적인 자동차, 두 가
지로 나뉘고 있다. 인간 친화적인 자동차는 IT기술과 접목되어, 운
전자와 탑승자들에게 좀 더 편한 주행 환경, 더 많은 편의기능을 제
공하는 자동차들을 말한다. 예를 들면, 주차 시에 후면 카메라를 이
용해 좀 더 쉽게 주차를 할 수 있도록 도와준다거나, 주행 시 커브
를 도는 상황에서 운전자가 브레이크를 밟지 않아도 자동으로 속도
를 줄여주는 기능 혹은 블루투스를 이용해서 음악을 들을 수 있게
해주는 것들을 말한다. 환경 친화적인 자동차는 내연 기관^{엔진}을 이용
한 자동차들의 고질적인 문제인 이산화탄소 배출을 줄일 수 있는 자
동차들을 말한다. 화석연료를 사용하는 자동차들은 연소 과정에서
매연을 배출하는데 이 매연에는 지구 환경에 안 좋은 영향을 미치는
물질들이 많기 때문에, 환경 친화적인 자동차란 화석연료를 이용하지
않는 자동차들을 말한다.

먼저 새롭게 등장하고 있는 자동차들을 보자면, 환경 친화적인 자동차는 동력을 얻는 에너지원에 따라 그 종류를 나눌 수 있다. 자동차에 사용되는 에너지원은 화석연료를 이용한 열에너지, 전기배터리에서 발생하는 전기에너지, 태양광 전지의 태양 에너지로 나눌 수 있다. 따라서 이 기준에 따라 기존의 화석연료인 가솔린, 디젤을 이용한 내연 기관 자동차, 태양의 에너지를 전기로 전환시키는 태양광 자동차Solar Automobile, 전기 배터리를 충전해서 사용하는 전기자동차 Electric Automobile, 수소와 산소의 환원 과정에서 발생하는 전기를 저장한 배터리를 사용하는 수소연료전지차Fuel Cell Electric Automobile로 나눌 수 있다. 또 다른 기준으로는 자동차의 기능에 따라서, 사람이 없어도 운전이 가능한 자율주행 자동차, 수륙 양용 자동차, 비행할 수 있는 자동차 등을 꼽을 수 있겠다.

태양광 자동차는 태양의 빛에너지를 이용해 전기를 생산하고 그 전력을 동력으로 전환시켜 움직이는 자동차로 전기자동차와도 관련이 있다. 단지 그 전기를 모으는 방식이 다를 뿐이다. 태양광 자동차는 보통 전형적으로 항공우주, 자전거, 대체 에너지, 자동차산업에서 사용되는 기술들을 결합해 만들어진다. 태양광 자동차는 대체적으로 태양의 빛에너지를 최대한 많이 얻을 수 있어야 하기에, 그 디자인에 제한이 있다. 예를 들면 차체의 상부에는 반드시 태양광 패널을 달아야 한다.

이미지 출처 : 선스위프트 홈페이지 http://www.sunswift.com/

태양광 자동차 선스위프트 이브

　현재 만들어진 대부분의 태양광 자동차는 태양광 자동차 레이스를 위해서 만들어졌다. 아직 대량으로 생산될 만큼 상용화되지는 않았다는 말이다. 태양광 자동차는 햇빛을 전기로 바꾸는 광전지^{PV cells}를 사용하는 태양광 패널에 의해서 움직인다. 가정에서 사용하기 위한 목적, 또는 산업적 목적으로 복사에너지를 열로 전환하는 일반적인 태양열 에너지와 다르게 광전지는 직접적으로 햇빛을 전기로 전환한다. 햇빛^{Proton}이 광전지에 도달하면, 프로톤은 전자를 방출하고, 전자를 흐를 수 있게 만들어서 전류를 생성한다. 광전지는 실리콘, 인듐, 갈륨 그리고 질소와 같은 반도체를 사용해서 만들어진다. 결정질 실리콘[8]은 가장 대표적으로 사용되는 물질이다. 보통 이 결정

──────

8　결정질 실리콘은 다중 결정질 실리콘과 단일 결정질 실리콘을 둘러싼 결정질 형태의 실리콘을 일컫는 포괄적 용어이다. 이 두 가지 핵심적인 반도체 물질은 태양광 전지의 생산을 위한 광전지 기술에 사용된다. 태양광 전지는 태양광 패널에 부착되고, 햇빛으로부터 태양 에너지를 만들어 내기 위해 사용되는 광전지 시스템의 일부이다.

질 실리콘은 15~20%의 에너지 효율을 가진다.

전기자동차는 석유 연료를 활용한 내연 기관을 사용하지 않고, 재충전이 가능한 전지나 혹은 일회용 전지를 사용해서 전기 모터를 돌려 동력을 얻는 자동차를 말한다. 전기자동차는 또한, 운전하기 편하고, 성능이 뛰어나며, 내연 기관 엔진에 비해서 조용하다. 그리고 화석연료를 사용하지 않기 때문에, 이산화탄소와 공해물질을 배출하지 않는다. 때문에 친환경적이고, 화석연료에 대한 의존도를 낮출 수 있다. 그러나 단점과 한계도 존재한다. 전기자동차의 높은 가격대와 충전 인프라 시스템의 부족 그리고 완충 시 최대 운행 거리가 상대적으로 짧다는 것 등이 있다. 전기자동차의 대표적인 예로는 테슬라 모터스의 모델S가 있다.

테슬라의 모델S

수소연료전지차는 전기자동차와 마찬가지로, 가장 유력한 차세대 친환경 자동차 후보이다. 이 자동차는 전기자동차와 비슷하게 가솔린 내연 기관 대신 수소와 공기 중 산소를 반응시켜 발생하는 전기를 축적한 연료전지로 전기 모터를 돌려 동력을 얻는다. 연료전지에 공급되는 연료는 순수한 수소를 저장하여 직접 사용하거나 차내 개질기를 통하여 저장된 가솔린이나 메탄올을 개질하여 생성된 수소를 연료전지에 공급할 수 있다. 수소 공급 방식으로는 압축수소탱크와 액체수소탱크를 이용하여 액체나 기체 형태로 탱크에 넣는 방법, 티타늄 등의 금속 내부에 넣어 메탈 하이드레이드 형태로 저장하는 방법과, 화학반응을 이용하여 하이드레이드 형태를 만드는 방법이

토요타의 수소 자동차 미라이

볼보의 자율주행 자동차

있다. 대표적으로 언급되는 수소연료전지차는 토요타의 미라이^{MIRAI}가 있다.

인간 친화적인 자동차, 사람을 위한 자동차 중에서 가장 우위에 있는 것은 스스로 운전할 수 있는 자동차이다. 이런 자동차를 바로 자율주행 자동차라고 부른다. 자율주행차와 일반 자동차의 다른 점이 뭘까? 그것은 바로, '자율주행^{Self-driving}'을 통해 운전자가 자유로워질 수 있다는 점이다. 그만큼 시간의 여유가 생기기 때문에, 운전을 하는 시간에 다른 활동을 할 수 있게 만들어 준다. 그로 인해 운전 경험의 획기적인 변화가 생기기 마련이다.

또한, 볼보에서는 스마트폰 앱을 이용하여 무인 주차 시스템을 완성했다. 운전자 없이 자동차 스스로 빈 공간을 찾아 주차를 하고, 신호를 보내면 운전자가 내렸던 장소로 찾아오는 등의 기능이다. '무인 자동주차 기술'은 자동차가 자동주차 시스템이 사용 가능한 지역에 들어서면 도로 및 주차장 등 인프라와 지속적인 상호작용을 통해 운전자에게 알려준다. 이 정보에 따라 운전자는 주차공간을 찾을 필요

가상드라이빙

볼보의 무인 자동주차 시스템

H자동차 영업직의 A씨는 모처럼 주말을 맞이해서 H백화점의 주차장에 들어섰다. 그런데 주차장에 들어선 그는 바로 앞에 비어 있는 주차 자리를 보았지만, 백화점의 입구 쪽으로 차를 몰고 갔다. 입구에서 차를 세우고, A씨와 가족들이 내렸다. 그런 후 A씨는 스마트폰을 꺼내어 한 손으로 가볍게 어플리케이션을 실행한 뒤 화면을 몇 번 터치하더니 다시 주머니 속으로 스마트폰을 집어넣었다. 그때, A씨가 몰고 온 차가 느닷없이 움직이기 시작했다. 운전자도 없이 말이다. 그 차는 천천히 라인을 따라서 주차장의 빈자리를 찾아갔고, 부드럽게 주차를 시작했다. 정말 신기한 것은, 웬만하면 삐뚤어질 만한 주차 라인을 오차도 없이 정확하게 평행시켜 주차를 했다는 것이다.

없이 주차장 입구에서 내려 휴대폰으로 이 시스템을 작동시키면 자동차가 센서를 통해 주차장의 빈 공간을 찾게 된다. 이 과정에서 가속과 제동은 물론, 보행자나 다른 자동차가 감지될 경우 차가 스스로 멈추고 위험 요소가 사라지면 다시 주행할 수 있다.

4 지금, 무엇에 주목해야 하는가?

미래 자동차의 물결은 크게 세 가지에 영향을 미칠 것이다. 그 세 가지는 동력원과 운전 방식, 이용 경험User experience을 변화시킬 것이다. 운전자들이 자동차를 대하는 방식이 우선 달라질 것이며, 이어 운전자의 개념이 확장될 것이고, 결국에는 물리적인 이동에 대한 인식이 변하게 될 것이다. 이 장에서는 멀리가기에 앞서 자동차를 다루는 방식의 변화에 대해서만 이야기해 보도록 하자.

동력원의 변화는 간단히 말해, 석유를 활용한 내연 기관을 배터리를 활용한 전기 모터가 대체한다는 뜻이다. 내연 기관은 가솔린, 디젤 등과 같이 석유에서 추출한 연료를 연소시켜 만들어낸 열에너지를 동력으로 만드는 기관으로, 지난 수십 년 간 기계공학의 발전에 힘입어 고도의 효율성을 자랑하고 있다.

하지만 내연 기관은 그 연료가 되는 석유 자체의 한계성 때문에 지속적으로 대체가능성이 논의되어 왔다. 우선 석유는 그 매장량이 한

정되어 있는 데다, 소수의 공급자들이 자신의 필요에 따라 가격과 공급량을 손쉽게 조절할 수 있어 지속적으로 이용하기엔 리스크가 매우 크다. 또한 환경 문제에 대한 인식이 커져감에 따라 내연 기관이 불러일으키는 공해에 대한 사회적 부담 역시 커져가고 있다.

내연 기관의 대체재인 전기 배터리와 모터의 경우 발전 기술이 지속적으로 개발되고 있어 유지비가 저렴하고 안정적이며, 원료 연소에 따른 오염도 발생하지 않으므로 이상의 두 문제에 대해 자유롭다고 볼 수 있다. 그 외에도 전기자동차는 내연 기관 내부에서 연료의 열에너지를 기계에너지로 전환시키는 과정이 없으므로 첫 출발 시 시동이 필요 없고 가속이 좋으며, 소음 역시 발생하지 않는다.

하지만 배터리 기술의 문제로 전기자동차의 시대는 아직 '오지 않은' 상황이다. 배터리의 저장 용량이 떨어져 내연 기관 자동차에 비해 먼 거리를 이동하기 어려우며, 배터리의 가격이 비싸기 때문에 내연 기관 자동차에 비해 가격도 훨씬 비싸고, 배터리의 크기가 크고 무게가 많이 나가 내연 기관 자동차에 비해 디자인 수준 역시 떨어지기 때문이다.

현재는 절충안으로 내연 기관과 전기모터를 동시에 사용하는 하이브리드카가 등장하였다. 하이브리드카는 토요타와 혼다와 같은 일본 제조업체가 세계 시장을 주도하고 있으며 국내의 현대·기아차, 미국의 GM, 포드가 참여하고 있다. 내연 기관에서 전기모터로 자동차 산업의 패러다임이 변해가는 과정에서 전기자동차를 위한 인프라가 구축되기까지 과도기 동안은 하이브리드카가 활약할 것으로 예상된다.

한국자동차공학회는 하이브리드 자동차가 주력으로 부상하는 시기를 2020년 이후로 예측하고 있으며, 연료전지 자동차는 2020년에는 시장에 도입되는 수준이며, 2030년 이후에야 시장을 주도할 것이라 예상하고 있다. 결국 지금의 전기자동차는 잠재력은 우수하나 효용성 자체는 내연 자동차를 따라가지 못하는 상황이라고 할 수 있다. 널리 알려진 기술 패러다임 변화의 S곡선 이론에 따르면, 잠재성이 큰 신기술이 도입기 시점일 때는 충분히 고도화되고 안정화된 기존 기술에 비해 효용성이 떨어진다는 것이다. 하지만 이 말은 동시에 초기의 낮은 성과를 감수하여 신기술 개발에 힘쓴 업체가 잠재성을 발휘하는 순간부터는 기존 기술로는 떨어지는 경쟁력을 메울 방법이 없다는 의미기도 하다.

최근 이러한 배터리 기술이 진보해 나감에 따라 전기자동차 시장이 주도권을 잡는 것도 그렇게 먼 미래가 아니라는 전망이 있다. 그 대표적인 증거가 다음 장에서 주요하게 다룰 회사인 테슬라 모터스이다. 테슬라 모터스는 전기자동차만을 전문으로 생산하는 업체로 2013년 첫 흑자를 내었다.

테슬라의 중대형 세단 모델S는 2014년, 2015년 2년 연속 컨슈머리포트에서 최고의 차로 선정되었으며, 고급 스포츠카인 로드스터는 한 번 충전으로 640킬로미터를 이동할 수 있을 정도로 우수한 성능을 보이고 있다. 아직 가격의 벽만큼은 완전히 넘지 못했고,[9] 인프라도 완전히 갖춰지지 않았지만 분명한 장래성을 보이고 있는 만큼 주목할 가치가 있다.

테슬라의 가치는 당장 매력적인 전기자동차를 생산하는 것만이 아니다. 테슬라는 자율주행 기술을 개발하여 시장에 선보일 준비를 하고 있으며, IT 플랫폼으로서 사용자 경험을 가장 효과적으로 설계한 하드웨어를 생산한다. 미래자동차의 세 가지 흐름이 동력원과 운전 방식, 이용 경험의 변화라고 앞서 언급한 것을 기억하는가?

결국 테슬라의 존재와 활동이 우리에게 주는 시사점은 미래자동차의 윤곽을 어느 정도 제시하고 있다는 것이다. 이는 기계 및 소재 공학의 총아였던 자동차 산업에 '스마트Smart'라는 키워드로 무장한 실리콘밸리 IT기업들의 첨단 기술과 막대한 자본들이 유입된다는 것이다.

기본적으로 자동차 산업은 수많은 부품 및 장비산업과 연계되어 공급망의 규모가 크고 복잡하다. 또한 생산 설비를 구축하는 데 어

---

9 2015년 4월 출시된 모델S 70D의 소비자가는 75,000달러. 정부 보조금으로 7,500달러를 지원 받을 수 있다고 쳐도 비싼 가격이나, 앞으로 수 년 안에 35,000달러 수준의 모델도 준비 중이라고 하니 그리 멀지 않은 시간에 대중화될 것을 기대할 수 있다.

떤 산업보다 많은 시간과 비용이 드는 것으로 알려져 있다. 하지만 전기자동차 기술이 적용될 경우 차를 만드는 데 필요한 부품이 30~50% 수준에 불과하고 모터와 배터리가 지속적으로 표준화되고 있어, 상대적으로 생산을 위한 진입장벽이 낮아 실리콘밸리에 있는 IT공룡들의 새로운 전장으로 점쳐지고 있다.

운전 방식의 변화라고 하면 앞서 말했듯 자율주행 기술을 의미한다. 이 기술의 발전에 따라 핸들을 움직이지 않고도 목적지까지 이동하는 것이 가능해질 수 있다는 말이다. 실제 미래를 배경으로 한 SF영화에서 심심치 않게 등장하는 소재로, 수년 내로 자율주행 기술이 상용화될 수 있다면 어떨까? 테슬라의 경우는 2015년 10월에 자율주행 기능이 포함된 소프트웨어를 배포하여 자사의 모델S 제품을 업데이트하였다.[10]

현재 대부분의 자동차 제조사들은 2020년 출시를 목표로 자율주행 자동차를 개발하고 있다. 아우디는 2015년 1월 실리콘밸리에서 라스베이거스까지 약 900킬로미터의 거리를 완주하는 데 성공하였고, 해당 기술을 2017년형 A8에 교통정체시의 자율주행 기능과 자동주차 기능 등으로 적용할 예정이라고 한다. 자율주행 자동차 분야는 GM, BMW, 벤츠, 토요타, 닛산 등 완성차 제조사들의 새로운 돌

---

10 2015년 3월 19일 기자회견에서 엘론 머스크가 설명한 바에 따르면 사유지에서의 저속 자동운전 및 자동주차가 가능하다는 것이다. 스마트폰을 이용해 원하는 곳까지 부를 수도 있다.

파구일 뿐만 아니라 각국의 정부에서도 신성장 동력으로 꼽는 사업이다.

자율주행 기술의 발전이 운전자에게 제공할 혜택은 무궁무진하다. 운전자의 집중을 헤치므로 지금껏 금지되었던 수많은 '딴 짓'들이 점차 허락될 것이기 때문이다. 메신저 및 통화, 업무 처리, 인터넷 서핑이나 TV 시청, 게임 플레이와 같은 수많은 딴 짓들을 할 여유가 생길 것이다. 이렇듯 자율주행으로 운전 방식의 변화는 또 다른 미래 자동차의 흐름인 이용 경험의 변화를 촉진한다.

이용 경험의 변화는 운전에서 해방되어 집중력과 수족이 자유로워진 운전자, 아니 탑승자가 차를 통해 이동하는 동안 겪게 되는 경험의 변화를 의미한다. 현대의 모범적인 운전자의 모습은 '불필요한 것'에 한눈을 팔지 않고 운전에만 집중하는 것이겠지만, 미래에 그런 모습은 소중한 시간을 불필요하게 낭비하는 것이 될 것이다. 자동차를 타고 이동하는 시간 동안 발생하게 될 그 공백을 여러 IT 기술들이 메워줄 것으로 예상되고 있다.

최근 텔레매틱스Telematics라는 기술이 등장했다. 텔레커뮤니케이션telecommunication과 인포매틱스informatics의 합성어이다. 자동차와 무선통신을 결합한 개념으로 이 개념에 따르면 결국 자동차를 스마트폰이나 태블릿 PC처럼 하나의 모바일 플랫폼으로 간주할 수 있게 된다.

스마트폰이 통화 기능이 주요 목적인 모바일 기기이듯, 자동차는 이동 기능이 주요 목적인 모바일 기기가 되는 것이다. 크기는 다소 크지만 말이다. 그리고 그런 모바일 산업의 대표적인 강자가 애플과 구글이다.

구글의 경우 무인자동차 시스템을 개발하고 있으며, 하드웨어 자체는 타사의 것을 이용하고자 한다. 2009년부터 연구가 시작된 구글카의 초기 모델은 토요타의 프리우스에 인터넷, 카메라, GPS 기능 등을 탑재하는 식으로 개조하여 만들어졌다. 2012년 9월, 구글의 공동창업자이자 기술 부문 사장으로 무인자동차 프로젝트를 수행 중인 구글X의 리더 세르게이 브린은 5년 안으로 무인자동차를 만들어내겠다고 선언한 바 있다.

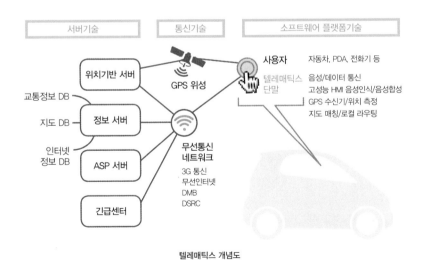

텔레매틱스 개념도

재미있는 것은 구글과 애플의 이러한 모습이 마치 스마트폰 시장에서 경쟁하던 모습의 재현처럼 보인다는 것이다. 애플이 하드웨어와 소프트웨어 전체에서 고유의 독자적인 정체성이 그대로 담긴 아이폰을 출시한 반면, 구글은 오픈소스 OS인 안드로이드에 주력하며 하드웨어 업체나 여러 어플리케이션 업체들과 자유롭게 파트너십을 맺으면서 세력을 구축했던 것처럼 말이다.

이상에서 살펴봤듯이 미래자동차의 주요 흐름인 동력원과 운전 방식, 이용 경험의 변화는 상호 독립적인 것이 아니라 서로 밀접하게 연결되어 있다. 동력원을 내연 기관 엔진에서 전기 배터리를 활용한 모터로 바꾸게 되면 차체의 구조가 단순해지고 생산의 진입장벽이 낮아진다. 그렇게 되면 고도의 첨단 기술을 갖춘 IT기업들이 자동차 산업에 진출할 수 있게 되어, 자율주행 기술을 포함한 다양한 텔레매틱스 기술이 적용될 수 있다. 특히 자율주행 기술이 적용된 자동차는 운전자를 운전에서 해방시켜 줌에 따라, 자동차를 통해 이동하는 시간 동안 누릴 수많은 어플리케이션들의 개발을 촉진하게 될 것이다. 그렇게 가능한 기능들이 늘어날수록 소모되는 전력이 늘어남에 따라 배터리 기술은 더욱 발전해갈 것이며 전기자동차의 효용성은 더욱 커져갈 것이다. 이렇듯 미래자동차 기술의 흐름은 서로가 서로의 꼬리를 물고, 서로를 자극하는 순환 구조로 성장할 것으로 전망된다.

5 자동차의 고도화

전기자동차는 앞서 말했듯이 국제 유가의 상승 및 그 변동성의 확대와 대기오염 및 온난화 심화에 따라 발생하는 문제점들을 해결할 수단으로 주목받고 있다. 전 세계 정부들의 적극적인 지원과 자동차 업체의 기술 개발 등으로 전기자동차 시장은 지속적으로 성장 중에 있다. 최근에는 테슬라를 비롯한 제조사들이 다양한 신차를 출시하고 가격을 인하함에 따라 판매량 역시 급증하고 있는 추세이다.

2015년 세계 전기자동차 판매량은 52만 2천 대로 이는 전년 대비 49% 증가한 수준이다. 전기자동차 시장 형성 초기에는 테슬라와 같은 전문 업체들이 시장을 주도하였으나, 2015년 이후에는 대형 완성차 업체들의 영향력이 커질 전망으로 보인다. 주로 미국과 일본 시장이 세계 시장을 주도하고 있다. 현재 전기자동차 생산 회사는 미국은 GM, 포드, 크라이슬러, 테슬라, 일본은 토요타, 혼다, 미쯔비시, 닛산, 독일은 BMW, 다임러, 폭스바겐, 프랑스는 르노, 스웨덴에서는 볼보, 중국에서는 상하이 등이 있다.

지역별로는 미국과 중국이 세계 전기자동차 시장을 주도하고 있는데, 누적 점유율이 미국이 26.2%, 중국이 25.7%이다. 그러나 2015년 하반기에는 중국의 전기자동차 판매 대수가 미국의 판매 대수를 눌러, 중국이 세계 최대의 전기자동차 시장으로 부상하고 있다. 플러그인하이브리드 자동차의 경우도 월평균 성장률이 7%로 꾸준한 성장세를

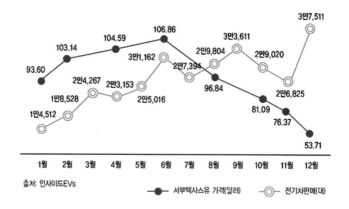

유지하고 있다. 여기서 플러그인하이브리드 자동차란 일반 하이브리드 자동차와는 다르게 충전을 통해서도 구동이 가능한 자동차를 말한다.

2
새로운
대체
에너지원들의
경쟁

1 전기자동차

전기자동차의 구조는 어떠할까? 전기자동차는 구동 시에는 전지로 모터를 가동하여 자동차를 움직인다. 감속 시에는 모터를 브레이크 장치로 사용하는 동시에, 운동에너지를 전기로 변환하여 배터리에 충전한다. 전기자동차는 축전지, 제어장치, 전동기의 세 가지 주요부로 구성되므로 왕복식 내연 기관을 이용하는 자동차에 비교하면 그 구조가 매우 간단하다.

전기자동차는 내연 기관 자동차의 연료 대신 축전지의 전기에너지를 사용하고, 내연 기관 대신에 전동기와 제어장치를 사용하므로 축전지의 성능은 전기자동차의 성능에 주된 영향을 미친다.

1) 축전지(배터리)

초기 전기자동차에는 납축전지가 사용되었다. 그러나 1회 충전 당주행거리가 짧고, 차지하는 중량 및 체적이 크며, 전지 수명이 매우 짧은 것이 단점이었다. 현재는 주로 니켈-수소$^{Ni-MH}$전지, 리튬-이온$^{Li-ion}$전지가 사용되고 있다. 이 전지들은 고가이지만 에너지 밀도가 높고, 그 수명이 납축전지에 비해 매우 길다. 이 외에 니켈-카드뮴$^{Ni-Cd}$, 리튬-폴리머$^{Li-polymer}$, 공기-아연$^{air-Zn}$, 나트륨-유황$^{Na-S}$, 나트륨-염화니켈$^{Na-NiCl_2}$ 등이 개발되고 있다.

전기자동차의 전지로 사용되기 위해 요구되는 에너지 밀도는 약 120~160(Wh/kg)이다. 초기 전기자동차 모델에 사용되던 납축전지의 에너지 밀도는 30~40(Wh/kg)으로 매우 낮은 편이지만 리튬이온 2차 전지의 경우 에너지 밀도가 120~200(Wh/kg)으로 전기자동차의 전지로 적합한 에너지 밀도를 갖고 있다. 그러나 리튬이온 2차 전지의 경우 액체 전해질을 사용하기 때문에 전극이 손상되어 양극과 음극이 맞닿게 되는 경우 폭발의 위험성이 있고 내구성에 한계가 있어 최근에는 고체 전해질을 사용하는 전고체 전지로 나트륨-유황 전지가 연구·개발 중이다. 나트륨-유황 전지는 이론적으로 에너지 밀도가 최대 760(Wh/kg)로, 높은 에너지 밀도를 바탕으로 전기자동차의 전지로 사용하기 위해 지속적으로 연구·개발이 진행 중이다.

리튬-공기 전지와 공기-아연 전지는 기존 리튬이온 2차 전지와 달리 양극 소재로 공기를 사용하는 전지이다. 차세대 전지 중에서 이론적으로 가장 높은 에너지 밀도를 갖고 있으며, 양극에서 기

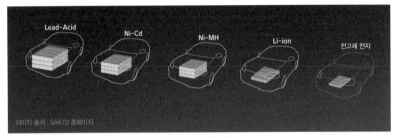

전기자동차에 필요한 전지 부피

체 상태 산소(O_2)의 산화환원 반응을 이용한다. 일본의 대표적인 자동차 생산기업인 토요타는 2008년부터 전지연구부를 설립하고 전기자동차의 차세대 전지로 전고체 전지, 리튬-공기 전지 그리고 공기-아연 전지를 연구·개발 중에 있다.

2) 전동기

전기자동차용 전동기는 자동차의 구동력에 필요한 출력 특성을 만족해야 하고 소형, 경량, 고효율, 신뢰성 및 보수성이 높을 것이 요구된다.

직류전동기

직류전동기는 직류 전력을 기계적 동력으로 변환시키는 장치이다. 즉 브러쉬와 정류자에 의해 토크를 발생하는 모터를 뜻한다.

직류전동기는 구조가 간단하고 시동토크가 커 가속발진 성능이 양호하며, 간단한 제어장치로 가변속을 할 수 있고 비교적 가격이 저렴하다. 더욱이 전원인 전지가 직류이므로 초기의 전기자동차는 이 방식을 채용하였다. 그러나 브러쉬가 마모

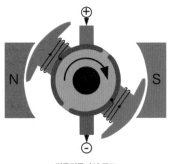

직류전동기의 구조

되면 교환해야 하고 효율이 낮으며 고회전 및 소형에 적합하지 않은 단점이 있다.

교류전동기

전지에서 얻어진 직류전원을 인버터를 통해 교류전류로 변환시켜 모터를 구동하는 방식이다. 따라서 구동제어장치에 파워반도체를 사용한 복잡한 장치가 되지만, 직류전동기에 비하여 소형, 경량이며 최고효율이 높고 브러쉬가 없어 회전수를 높일 수 있다.

a. **유도모터:** 산업계에서 널리 사용되고 있는 모터로서 로터[11] 구조가 견고하고 고속화에 따른 소형 경량화에 적합하고, 넓은 출력 범위에서 고효율을 얻을 수 있다. 또한 영구자석 등을 사용하지 않아

---

11 로터: 모터 등의 회전 부분으로 회전자라고도 한다.

BLDC모터 입체도

가격 면에서 유리하고, 신뢰성이 커서 일의 강도가 높은 곳에 적합하다.

b. **동기모터:** 영구 자석형 동기모터(PM^{Permanent Magnet} 모터)라고도 하며 현재 전기자동차 모터의 주류를 이루고 있다. 이 모터는 자력이 강한 영구자석을 사용하고, 회전센서를 설치하여 회전자의 회전각과 회전자계를 정확히 동기 시킨 전류를 인버터에 흘려 효율을 높이고 높은 출력을 얻도록 되어 있으며, 소형 경량화에 적합하다. 문제점으로는 고속 경부하시에는 영구자석의 자계를 약하게 하는 여자 전류[12]와 영구자석의 자속에 의한 무부하 손실[13]이 발생하기 때문에

---

12 여자 전류(勵磁 電流): 변압기에 자속을 만드는 전류
13 무부하 손실 : 변압기의 이차에 부하가 연결되지 않은 상태에서도 변압기에서 전기가 소모되는 대기 전력 상태에 의한 손실

효율이 저하된다.

3) 제어장치

전기자동차용 모터는 일반 산업용 모터와는 다른 제어 특성이 필요하다. 자동차 엔진은 넓은 회전수에 대하여 일정한 토크 특성을 가지므로 변속기와 클러치를 조합하여 저속에서는 저기어비로 발진 가속을 하고 고속에서는 고기어비로 고속 주행하도록 되어 있다. 모터는 특성상 저 회전에서는 일정한 토크, 중·고속에서는 일정한 파워를 쉽게 얻을 수 있고, 교류 모터에서는 고회전이 가능하기 때문에 감속은 해도 변속기는 필요하지 않다. 또 모터는 쉽게 시동, 정지가 가능하므로 공회전 시나 정지 시에 구동계를 분리시키는 클러치와 같은 메커니즘은 필요 없지만 반대로 정지된 자동차를 움직이고 특히 언덕길에서 발진하기 위해서는 등판능력에 따른 시동 토크를 필요로 한다. 또한 모터는 자속 또는 전류의 방향을 변경함으로써 역방향으로 회전시킬 수 있기 때문에 기계적인 역전 기어는 필요하지 않지만, 후진시 속도를 제어할 제어 기구를 필요로 한다.

모터 제어는 인버터에 의해 행해진다. 인버터란 전지와 같은 직류 전원에서 유도 모터나 동기모터를 구동하기 위한 3상 교류를 만들어 내기 위해 사용되는 장치를 말한다. 인버터의 가변속 제어 방식에는 가변전압 주파수 제어 방식, 미끄럼 주파수 제어 방식, 벡터 제어 방식 등이 있다.

교류 모터의 속도 제어에는 유도모터용과 동기모터용이 있다. 유도 모터의 경우, 토크를 일정하게 유지하면서 회전 속도를 변화시키기 위해서, 주파수를 변화시키는 동시에 모터에 인가하는 전압을 주파수에 비례하여 증감시키고 있다. 또 동기모터의 회전 속도는 전원의 주파수를 변화시킴으로써 속도 제어가 가능하다. 더욱이 주파수를 회전자의 회전 속도와 일치시키기 위해 피드백 제어를 행하고 있다.

4) 회생 브레이크 시스템

전기자동차는 엑셀 페달의 밟는 양에 따라 모터에 의해 토크^{회전력}를 비례적으로 발생시켜 주행하고 있다. 감속 시나 제동 시에는 모터를 발전기로 작동시켜 주행 시의 운동에너지를 전기에너지로 변환시켜 줌으로써 이 에너지를 전지에 충전할 수 있다. 이것을 회생이라고 한다.

엑셀 페달을 밟지 않을 때에 발생하는 엔진 브레이크의 상당분과 브레이크 페달을 밟을 때에 발생하는 감속 시 에너지를 회생시킬 수 있다. 이 경우 구동바퀴만 브레이크력이 강하게 작용하기 때문에 회생 브레이크 에너지가 너무 강하면 차의 안정성에 영향을 미치게 된다. 이 때문에 ABS 등을 함께 설치하여 제어하는 회생 브레이크 시스템이 탑재되고 있다.

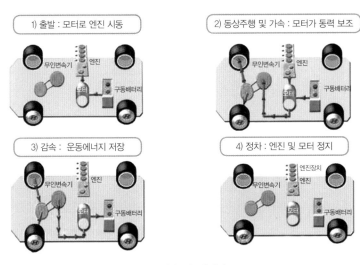

회생 브레이크 시스템 개념

5) 동력전달장치

전기자동차의 구동방식에는 FF, FR, RR 등 가솔린 자동차와 마찬가지로 다양한 방식이 있다. 이것은 모터와 감속기 및 제어장치가 자동차의 엔진과 트랜스미션의 크기와 크게 다르지 않기 때문이다. 또한 차륜마다 모터를 설치하는 인휠 모터의 경우는 엔진 룸의 공간을 활용할 수 있고, 4륜 조향[4WS]이나 독립구동제어[4WD]도 가능하다.

a. 1축형

고효율, 콤팩트를 목적으로 모터, 감속기(또는 변속기), 차동장치[14]

---

14 차동장치: 자동차가 커브길을 달릴 때 두 바퀴의 움직이는 거리가 다르게 되는 것을 보완하는 장치

를 동일축상에 일체화한 방식으로 포드의 ETX-Ⅱ가 최초로 채용하였다. 이 형식은 부품수의 삭감이나 기계 손실의 저감 등의 효과가 크고 자동차에 대한 탑재성 측면에서도 유리하다

b. 좌우 독립 구동형

2대의 1축형 동력전달장치를 좌우 바퀴에 독립적으로 설치하여 2대의 드라이브 유닛으로 좌우 바퀴를 독립적으로 구동하는 방식이다. 모터는 회전수 제어가 아닌 토크 제어이기 때문에 차동장치 없이 사용할 수 있다. 가장 콤팩트한 형식이다. 여기에는 모터의 출력축과 일체가 된 휠 허브 모터, 휠 자체가 모터로 되어 있는 휠 모터, 휠 속에 모터가 있는 인휠 모터가 개발되고 있다.

2 전기자동차의 해부

1) 단순함(Simple)

기기의 이름에서부터 풍겨지는 느낌이 다르다면, 내용을 이루는 구조도 일반 자동차와는 다르지 않을까? 확실히 전기자동차의 부품 구성은 기존의 자동차와는 상이하다. 일반 자동차에서 사용되는 부품의 개수만을 비교해 봐도, 현재 내연 기관 자동차의 부품 개수는 대략 2만~3만 개의 부품으로 구성되어 있지만, 전기자동차는 8000개 정도로 매우 단순한 구조를 가지고 있다. 그렇기 때문에 만약 전

기자동차 시장이 일반 기종을 제치고 업계의 메인으로 자리 잡게 되면, 자동차 부품산업의 업체 및 수요 구조가 변화될 것이다.

2) 리튬전지

전기자동차 부품 중에서는 리튬 2차 전지가 많은 비용을 차지하고 있다. 때문에 만약 리튬 2차 전지의 기술력이 향상되어 단가가 인하된다면 보급 속도는 가속화될 것이다. 가솔린 자동차보다 저가로 생산이 가능하기 때문에, 옆집 아주머니가 공용 주차장에서 플러그를 빼고 전기자동차를 끌고 아파트 입구를 나서는 모습을 빠른 시일 내 보게 될 가능성이 매우 높아졌다.

3) 전기 모터

자동차를 이끄는 힘은 과연 어디에서 나올까? 일반 자동차와 전기자동차는 추진력을 얻는 동력의 생성 지점이 다르다. 내연 기관 자동차, 즉 일반 자동차의 구동력은 엔진에서 나오지만 전기자동차는 모터에서 발생한다는 차이점이 있다. 초기에는 DC 모터를 많이 사용했는데 최근에는 AC 모터, 브러시리스 DC 모터를 선호하는 추세다. 특히 모터가 바퀴의 안쪽에 직접 연결되어 바로 구동하는 인-휠-모터In Wheel Motor는 차체의 골격을 최적화시켜서 장애물과의 충돌 시 차량 내부 탑승자의 안전성을 최대한 확보하고, 공간 배분을 최

주요부품	주요기능 및 특징
전기모터 & 감속기	배터리의 전기를 이용하여 전기모터 구동하여 구동력 발생
배터리(구동축전지)	전기에너지 저장 및 공급 장치로 전기자동차 성능의 핵심부품
인버터	고전압 배터리 전원을 이용하여 모터를 제어하는 장치
충전기	가정용 전원(완속충전, 220V, AC) 및 급속충전기(고전압, DC)를 이용하여 배터리에 에너지를 저장하는 장치
회생제동장치	제동 및 차량 감속 시 잔여 구동력으로 전기를 발생하여 배터리에 충전하는 장치(에너지 효율 증대)
배터리 관리시스템	전기자동차의 배터리를 효율적으로 관리 및 제어하는 장치
저전압직류변환기	고전압 배터리로부터 12V 차량 전원 공급(DC-DC)

전기자동차 주요부품 및 기능

적화시켜 사용 가능한 실공간을 확보할 수 있다는 장점이 있다. 구동력과 안전성, 실내 디자인 공간 확보라는 세 마리 토끼를 다 잡을 수 있는 것이다.

현재 현대모비스, 효성중공업, 현대중공업, S&T대우, 엠비성산, 브이씨텍, 키네모숀 등이 국내 전기자동차용 모터의 개발, 생산을 추진하고 있는 업체로 볼 수 있다.

4) 모터 제어장치|MCU: Motor Control Unit

모터에 제어 장치가 필요한 이유는 무엇일까? 그 이유는 바로, 모터의 회전 출력에 따라 자동차의 속력이 달라지기 때문이다. 만약 여러분이 모터의 회전을 제어할 수 없다면, 자동차를 타는 게 아니라 롤러코스터를 타는 기분일 것이다.

엔진제어유닛engine control unit, ECU 또는 엔진제어모듈engine control module, ECM은 엔진의 내부적인 동작을 다양하게 제어하는 전자제어장치이다. 가장 단순한 ECU는 SISpark Ignition 엔진의 폭발 시에 실린더의 연료 분사량을 제어하는 데 사용되며, 현대의 대부분 자동차에 탑재된 좀 더 복잡한 형태의 ECU는 점화 시기, 가변 밸브 타이밍, 터보차저에서 조절하는 부스터 레벨 등을 제어와 기타 주변 장치를 제어하는 데 사용된다.

가솔린엔진은 오토엔진Otto-Engine의 한 종류이므로, 이 글에서는 디젤엔진과 오토엔진에 대한 비교를 다루도록 하겠다. 디젤엔진과 오토엔진은 실린더 안에서 연료의 화학적 에너지를 폭발적인 연소 과정을 거쳐 운동에너지로 변환하여 동력을 발생시키는 내연 기관이다. 또한 둘 다 2행정 또는 4행정으로 작동시킬 수 있다. 그러나 디젤엔진과 오토엔진 사이에는 차이점이 많다.

5) 인버터와 컨버터

전기자동차는 일반 자동차와 달리 추진력을 전기 모터를 통해서 얻는다고 이미 설명했다. 모터를 무한정 돌릴 수도 없는 노릇인데 일반 차종과 구조가 다르다면 어떠한 방식으로 제어를 할 수 있는 걸까? 그 역할을 하는 장치가 바로 인버터Invertor와 컨버터Convertor이다.

인버터란 배터리의 직류전원을 전기모터에 사용할 교류전원으로 변환시키고 정확한 충전을 유지하는 역할을 하는 부분으로, 모터의 회전속도 및 토크 조절에 영향을 끼친다. 직류모터를 사용하는 전기자동차는 인버터가 필요 없지만, 고성능 교류 모터를 사용하기 위해서는 주파수와 전압 및 회전수와 토크를 자유롭게 변화할 수 있는 인버터가 반드시 필요로 한다. 인버터는 변환 주파수 1~20kHz, 용량 10~300kVA인 가변전압가변주파수VVVF: Variable Voltage Variable Frequency의 인버터가 사용된다.

컨버터는 인버터와 정반대로 교류를 직류로 변환시키는 장치이다. 일반적으로 전기자동차에는 제동회생 시스템이 적용되기에, 속도를 줄일 필요가 생기면 교류모터가 교류발전기로 변환되어 발전하는 회생제동력regenerative braking power을 조정하는 역할을 담당한다. 인버터와 더불어 전기자동차 및 하이브리드차용 동력 전달 및 추진시스템에서 중요한 역할을 담당한다.

6) 전기자동차의 충전 시스템

충전시스템은 전기자동차가 확실하게 보급되기 위해서는 반드시 완벽하게 구비되어야 하는 중요한 산업 인프라다. 일반인들의 생각으로도, 주유소가 도심 어디서든 쉽게 보이기 때문에 연료 저장에 대한 걱정 없이 운전하는 모습을 어렵지 않게 떠올릴 것이다. 마찬가지로 전기자동차 또한 주거 공간 내의 일정 구역의 충전 가능 장소, 혹은 도로 주변에 일반 주유소 형식으로 (배터리) 충전 지점을 다양하게 구비하는 것이 운전자들의 체감 안전도나 만족도에 상당히 긍정적인 영향을 미칠 것이 분명하다. 추론하는 연구진에 따라 그 규모는 천차만별이지만, 충전 시스템의 일상화Streetization에 대한 공감대 형성에는 이견의 여지가 없어 보인다.

국내는 정부 지원 하에 공공기관 중심으로 전기자동차 1836대, 충전기 2060여 기가 보급되었다. 2014년에는 정부보조금 지원 확대와 3종이었던 전기자동차종이 6종으로 늘면서 1500대 정도의 판매 성장이 이루어졌다. 해외는 유럽 및 북미를 중심으로 전기자동차 판매 시장이 급성장하고 있다.

한전은 전기자동차를 이용해 전력을 사고 팔 수 있는 'V2GVehicle to Grid 시스템 개발'도 추진 중에 있다. 충전기에 자동차를 연결해 놓으면, 전력피크 시간에 자동차 배터리의 전기를 전력회사가 전력공급에 사용하고, 전기요금이 낮은 시간에 충전을 시켜, 전력요금 차이만큼 전력회사가 고객에게 지불하는 시스템이다. 전기자동차가 이동수단에서 돈 버는 수단으로 패러다임이 변하는 것이다.

2020년까지 정부는 전기자동차 100만 대 보급을 목표로 하고 있다. 한전은 앞으로도 전기자동차 보급 활성화에 주도적인 역할을 하면서 충전서비스 사업 등 신성장동력 발굴과 새로운 전력수요를 창출할 계획이다.

7) 전기자동차 배터리

배터리의 개념은 상당히 넓다. 에너지의 저장 단위를 나타내기도 하지만, 일반 제품으로서의 '건전지' 개념으로 쓰이는 경우도 있다. 이해하는 방식이 어찌되었든 간에, 전기자동차의 배터리는 재충전이 가능한 2차 전지가 이용되며 최근에는 리튬이온 2차 전지가 대세로 사용 중이다. 단순히 전지 재질에만 특이점이 있는 것은 아니다. 전기자동차는 배터리 관리 시스템BMS: Battery Management System을 통해 배터리의 충전, 방전 조절, 전압/전류/온도 감시, 냉각 제어 등을 수행한다. 우리가 주로 사용하는 데스크톱의 운영체제OS와 비슷한 원리로 구동해서 에너지 소모의 효율을 잡아주는 시스템이 따로 존재하는 것이다.

미래의 전기자동차 배터리는 그 가격을 낮추고 에너지 축전용량 및 사용 가능 기간을 연장시키는 것이 필요하다. 축전용량의 경우 리튬 이온 전지, 리튬 폴리머 전지, 공기 아연 전지를 통해 증가된 용량을 확보할 수 있을 것이다. 실제로 프랑스 볼로레Bolloré에서 개발한 리튬 폴리머 전지를 사용하는 자동차는, 한번 충전으로 250킬로미터를 주행할 수 있고 최고 시속 125km/h를 낼 수 있다.

에너지 저장 대체기술이 성장하면 더 나은 전기자동차를 볼 수 있게 될 것이다. 실험적인 슈퍼 축전기와 플라이휠flywheel 장비는 높은 축전용량과 낮은 휘발성을 제공하여 탁월한 재충전 능력을 갖고 있다.

핸드폰이든, 리모컨이든 하다못해 아이들이 가지고 노는 미니카까지도, 배터리가 없으면 구동이 안 된다. 마찬가지다. 전기자동차의 각 부품 중에서 가장 중요한 역할을 하는 것이 바로 배터리이다. 전기자동차에서 연료 역할을 하는 전기를 저장하는 역할을 수행하기 때문이다. 배터리를 이루는 구조는 처음 듣는 사람들이 접하기에는 조금 생소한 단어들인 배터리 셀cell, 모듈module, 배터리 관리 시스템BMS, 냉각장치 등으로 구성되어 있다. 셀은 양극, 음극, 전해액, 분리막, 덮개로 구성된다. 배터리 팩에는 배터리의 상태를 측정하고 통제하는 BMS와 냉각장치가 부착되어 작동한다.

10년 만에 흑자를 기록하면서 승승장구하던 미국 테슬라모터스가 2013년 연이은 악재를 맞았다. 운행 중이던 테슬라 모델S에 사고가 발생한 것이다. 일반 차량 충돌 사고가 아니라 바닥면 이물질 탓에 전기자동차인 모델S 배터리팩이 폭발해 화재가 발생했다.

이 사고는 전기자동차 배터리가 충격에 약하다는 걸 잘 보여주었다. 가장 앞선 전기자동차로 평가받는 테슬라 모델S지만 외부 보호재가 파손되면 노출된 배터리팩이 위험하다는 걸 보여준 것이다.

보통 2차 전지에는 액체 성분인 전해액이 담겨 있다. 외부 충격으

테슬라S의 배터리팩 폭발 사고

로 이 전해액 성분이 충격을 받으면 폭발, 화재 가능성이 있다. 테슬라모터스의 경우에도 배터리팩이 외부로 노출되는 걸 막아주는 커버가 있었지만, 이 부분이 파손되면 결국 전해액 부분까지 충격이 가해져 화재 사고를 피할 수 없게 된다.

핸드폰의 폭발은 대부분 화상에 그치지만, 자동차의 배터리 폭발은 순식간에 목숨을 앗아갈 정도로 치명적이다. 2011년 GM의 전기자동차 화재사고에 이어 2013년 5월에도 중국 비야디(BYD)자동차의 전기자동차가 폭발해 전기자동차의 안전이 크게 우려되고 있다. 두 사건 모두 자동차에 충격이 가해진 후 배터리 화재나 폭발로 이어졌다. 각각의 자동차는 리튬이온과 인산철 배터리를 장착했고 정확한 사고 원인은 밝혀지지 않았지만 배터리가 인화성 역할을 한 것은 분명하다.

세계적으로 가장 널리 사용되는 리튬이온·인산철 계열 배터리가 화재나 폭발에 민감한 만큼 이를 대체할 새로운 전지의 개발이 활발하다. 예를 들어, 미국은 군사용 통신장비 등에 총이나 폭탄 파편에 의한 피해가 적은 공기-아연 전지의 사용을 확대하고 있다. 일본은 토요타를 중심으로 전기자동차용 배터리에 리튬 계열을 대체하기 위해 공기-아연 전지 채택을 추진 중이다. 에너지 밀도를 높이고 차량 안전성까지 확보하겠다는 의도다. 업계는 전기자동차에 100킬로그램의 전지를 장착해 100킬로미터를 주행했다면 에너지 밀도가 높은 공기-아연 전지를 이용하면 동일한 무게에서 3배 이상의 주행거리가 확보된다고 설명한다.

공기-아연 전지는 공기 중 산소와 전지 내부의 아연이 반응해 전류를 발생시킨다. 모든 화학전지는 양극과 음극, 양극과 음극 사이의 물질 이동 통로인 전해질, 그리고 양극과 음극의 접촉을 방지하는 분리막으로 구성된다. 반면에 공기-아연 전지는 음극으로 아연금속이, 양극으로 공기 중 산소를 이용한다. 양극재를 공기로 사용하는 만큼 에너지 밀도가 매우 높다. 이것이 공기-아연 전지가 주로 전기자동차·군용 전자기기 등 고부가가치 전원 공급용으로 활발하게 연구가 진행되는 이유이다. 전지 내부가 음극으로만 구성돼 폭발·인화성이 없다. 공기를 양극재로 해 다른 전지의 절반 이하 가격으로 생산할 수 있어 경쟁력도 뛰어나다.

하지만 이러한 리튬공기 2차 전지에는 단점이 있다. 낮은 온도와 습도에 영향을 많이 받고 일정한 공기의 양을 고정적으로 공급해야 한다는 점이다. 이 때문에 아연 등 금속 전극이 외부 공기 중 산소와 반응하기 위해서는 특수한 탄소층 및 촉매기술이 핵심이다. 또 2차 전지화를 실현하기 위해 안정적인 충·방전이 지속돼야 하는데 현

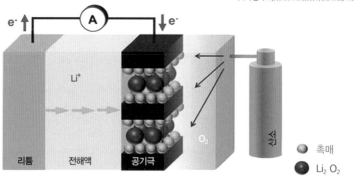

리튬공기 2차 전지 배터리 구조

재로서는 관련 기술이 부족하다.

　그렇기 때문에 전기자동차 배터리의 폭발을 막을 또 다른 대안으로 전고체 배터리에 대한 개발이 이어지고 있다. 전고체 전지는 전해질이 액체나 폴리머 젤·겔로 구성되어 있지 않고 고체로 구성되어 있는 전지다.

　안전성과 내구성뿐만 아니라 고체 전해질을 사용함으로서 플렉서블 시대에 맞는 기술 구현이 가능하다는 점과 음극 소재로 리튬 메탈, 리튬 합금을 사용할 수 있기 때문에 전지의 질량 및 부피에 대한 에너지 밀도를 대폭 향상시킬 수 있다. 또한, 복수의 전극을 쌓아 셀 내부에서 직렬 연결을 통해 12V, 24V 등 고전압 셀을 제작하는 등 기존에 없었던 전지를 고체 전해질을 통해 생산 가능하다.

차세대 전지 중에서도 전고체 전지가 주목을 받는 이유는 에너지 밀도의 차이에 있다. 나트륨 계열 전지는 리튬 이온 전지 대비 90% 저렴한 원가와 낮은 가동 온도라는 장점이 있지만 에너지 밀도가 200~250(Wh/kg)로 낮아 전지 자체의 성능이 떨어진다. 마그네슘 전지도 차세대 전지로 연구·개발 중인데 풍부한 마그네슘과 수명이 길다는 장점이 있지만 에너지 밀도가 600(Wh/kg)로 낮다. 하지만 전고체 전지는 에너지 밀도가 1000~1500(Wh/kg)로 높아 활용 가능성이 많다.

현재 연구·개발된 고체 전해질은 질화 리튬, 리튬 산소산염, 할로겐화 리튬 같은 유도체형 고체 전해질 그리고 리시콘LISICON 형, 나시콘 형NASICON, 페로브스카이트 형 등이 있다. 전고체 전지는 이론

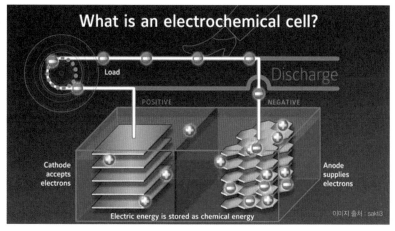

전고체 배터리의 구조

상 높은 이온 전도도를 갖는 게 강점이지만 현재의 기술로는 이론상의 이온 전도도를 갖지 못한다는 게 문제이다.

2차 전지에 있어서 고출력 특성을 갖기 위해서는 높은 이온 전도도를 가진 전해질을 사용해야 한다. 차세대 전지로서 전고체 전지가 각광을 받는 이유는 고체 전해질을 사용함으로써 높은 이온 전도도를 가질 수 있기 때문이다. 기존의 액체 전해질은 중·대형 전지로 사용되기에는 이온 전도도가 낮아 부적합했다. 현재까지 연구·개발된 고체 전해질 중에 높은 이온 전도도를 갖는 고체 전해질은 나시콘 형 구조를 가지는 $Li_3V_2(PO_4)_3$ 그리고 페로브스카이트 형 구조를 가지는 $LiTiO_3$ 혹은 $LaTiO_3$ 등이 있다. 그러나 이러한 구조를 가지는 고체 전해질은 티탄이 환원되면서 전자 전도성이 나타나, 전해질로서의 기능을 할 수 없게 된다.

페로브스카이트 및 나시콘 형 고체 전해질의 경우 높은 이온 전도도를 갖는 우수한 특성을 지니지만 전위창의 제한된 특성 때문에 고에너지밀도 양극 소재 및 저전위 고용량 음극 소재를 목표로 하는 중·대형 전고체 리튬 2차 전지에 사용되기에는 부적합한 상태이다.

황화물계 고체 전해질의 경우에도 4.0V 수준의 고전압 양극 소재와 0V 수준의 음극 소재가 강력하게 반응하여 고체 전해질과 전극 간 계면반응 제어에 대한 문제가 해결되지 못해 실용화되지 못하고 있다. 또한 황화물계 고체 전해질은 매우 높은 이온 전도도를 갖고 있지만 질소 또는 아르곤 등 특정 조건에서만 취급이 가능하다는 문제와 환경 문제를 일으킬 수 있기 때문에 친환경시대에 부적합하다. 이 때문에 황화물계 고체 전해질은 상업성이 있는 소재가 아니라는 지적도 많지만 세계적으로 지속적인 연구·개발과 함께 많은 투자가 이루어지고 있다.

현재 전고체 전지는 기존의 리튬이온 전지에 비해 전극, 전해질의 계면 상태가 좋지 않아 전지의 성능 자체는 떨어지고, 이온 전도도가 높지 않다는 점과 고용량·고출력을 달성하지 못해 실용화되지 못하고 있다. 불안전한 전기화학적 특성 또한 전고체 전지의 실용화 단계의 걸림돌이다. 고체 전해질은 전위창이 약 1.5~5.0V의 특성을 나타내는데 음의 전위에서 불안전한 전기화학적 특성을 갖는다.

차세대 전지로서의 고용량·고출력을 달성하기 위해서는 에너지 밀도의 향상과 함께 현재 차세대 전지들의 문제점인 음극 소재의 개발이 절실하다. 새로운 음극 소재의 개발과 덴드라이트Dendrite 형성에서 안정성을 확보할 수 있다면 현재 전고체 전지의 낮은 에너지 밀도를 2~3배 이상 향상시킬 수 있다.

전고체 전지의 종류에는 무기물계 고체 전해질, 유리질계 고체전해질, 박막형&후막형 전고체 2차 전지, 나트륨-황 전지 등이 있다. 무기물계 고체 전해질은 다시 황화물계 고체 전해질과 산화물계 고체 전해질로 구분된다. 황화물계 고체 전해질은 현재까지 가장 많은 연구 · 개발이 이루어졌다. 산화물계 고체 전해질은 다른 고체 전해질에 비해 이온 전도도가 낮아 성능이 낮은 편이다. 고체 전해질을 사용하는 박막형&후막형 전고체 2차 전지는 최초의 전고체 전지이다. 이온 전도도가 높은 베타알루미나세라믹스를 전해질로 사용하는 나트륨-황 전지는 주요 전고체 전지 중 하나이다. 이외에 전고체 전지를 생산하기 위한 다양한 고체 전해질이 연구 · 개발 단계에 있다.

현재까지 연구 · 개발된 전고체 전지는 높은 계면저항으로 인해 전지 자체의 성능이 떨어지는 문제점과 전해질과 전극 종류에 따른 안전성 문제 등 아직 해결해야 할 문제점이 있어 상용화되지 못하고 있다. 다양한 전고체 전지의 고체 전해질을 연구 · 개발하면서 문제점이 해결된다면 전고체 전지는 차세대 전지로서 현재의 리튬이온 2차 전지를 대체할 수 있을 것이다.

2015년 3월 삼성SDI는 외부 충격을 원천 차단해 안정성을 대폭 끌어올린 전고체 배터리를 개발해 공개했다. 기존 2차 전지 배터리 연구 방향은 성능에 초점을 맞춰왔다. 하지만 삼성SDI가 선보인 전고체 배터리는 안전성에 초점을 맞췄다.

삼성SDI 전고체 배터리는 전해액 대신 고체로 이뤄진 전해질을 써서 외부에서 충격이 가해져도 폭발하지 않게 안정성을 높였다. 부피에서도 유리하다. 기존보다 더 얇은 배터리를 구현할 수 있고 유연한 형태로 배터리를 제조하는 것도 가능하다. 삼성SDI는 2015년 전고

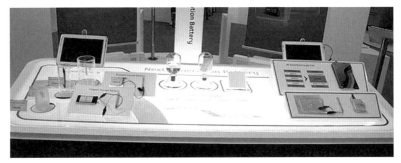

삼성 SDI 전고체 배터리

체 배터리의 상용화에 착수했다.

전고체 배터리는 안정성이라는 기본 덕목 가운데 하나를 해결할 수 있는 방책인 만큼 충분히 매력적이다. 성능에 대한 대비만 충분하다면 전기자동차 대중화를 앞당길 기술이 될 것으로 기대해볼 수 있다.

납축전지|lead acid battery

현재 대부분의 내연 기관 자동차에 사용되고 있는 배터리의 유형이다. 양극으로는 이산화납이, 음극에는 납이, 전해질로는 황산이 사용된다. 초기의 전기자동차의 에너지 공급용으로 사용되었는데 지금도 저급형 전기자동차에 간간히 사용되고 있지만 무게가 다소 무거운 단점이 있어 이용 빈도가 점차 줄어들 것으로 보인다.

항목	납축전지	니켈수소 배터리	리튬이온 배터리 리튬이온폴리머 배터리
공칭전압(V)	2.0V	1.2V	3.75V
중량(Kg)	△	○	◎
체적(l)	△	○	◎
에너지 밀도(Wh/kg)	△	○	◎
출력 밀도(kW/kg)	△	○	◎
저온특성(kW)	◎	○	○
자기 방전	15% / 월	15% / 월	〈 5% / 월
메모리 효과	△	△	◎
수명	△	○	○
안전성/신뢰성	◎	○	△
양산 검증	◎	○	△
Price	◎	○	△
환경 오염 물질 함유	납, 황산 함유	없음	없음

전기자동차용 배터리의 종류별 특성 비교

◎ 매우 좋음 ○ 좋음
□ 보통 △ 부족

니켈수소^{NiMH} 배터리

주로 전자기기의 충전기로 많이 사용되었지만 최근에는 토요타의 하이브리드차 배터리로 사용되기도 했다. 하지만 역시 무겁고 수명이 짧다는 약점 때문에 전기자동차에는 적합하지 않다고 평가받는다.

리튬이온Li-ion 배터리

휴대전화나 노트북 컴퓨터 배터리로 많이 활용되고 있고, 무게가 가볍고 에너지를 저장하는 데 용이하다는 장점 때문에 전기자동차용으로 적합하다. 다만 가격이 비싸고 폭발 위험성의 문제가 남아있어 안전성을 확보해야 하는 과제가 있다.

리튬이온폴리머Li-ion Polymer 배터리

차세대 전지로 주목받고 있다. 안정성과 효율이 좋고 현재 일부 휴대폰 및 휴대형 전자제품에 사용되고 있다. 최근에는 전기자동차용으로도 주목을 받고 있는데, 고체 또는 겔 상태의 폴리머 전해질을 사용하기 때문에 전지가 파손되어도 발화하거나 폭발하는 일이 없다.

전체 배터리 시장 규모는 2018년 기준 기존 시장에서 바라본 규모의 5배 성장에 추가로 2배 가까운 성장이 가능할 것으로 예상된다. 사실 단순히 2배 증가했다고 하면 경제적인 측면에서 감각이 둔하거나 관심이 별로 없는 독자들은 그 효과가 어느 정도인지 짐작하기 어려운 표현일 것이다. 조금 색다르게 표현해서, 온라인 캐릭터 육성 게임에서 미션 완료 시 경험치를 2배 혹은 3배를 제공하는 프로모션이 제공될 때 해당 게임에 관심이 있는 사람들이 미친 듯이 게임에 달려드는 것을 보면 조금은 이해할 수 있을 것이다. 전 세계 전기자동차 배터리 시장 규모는 2015년 82억 달러에 달하였고 앞으로도 성장할 가능성이 높다는 것이 대체적인 시장의 전망이었다. 이와 같은 전망을 바탕으로 했을 때, 2015년 세계적으로 678만 대 정도가 팔린 전기자동차 제품들은 2020년 1045만 대로 시장 규모가 연평균 30%씩 증가할 것으로 예상한다고 전문가들은 입을 모으고 있다.

좀 더 세부적으로 살펴보자. 세계 전기 배터리 시장 점유 데이터도 제조사의 명성만 봐도 국제적으로 이름깨나 알아준다는 기업으로 가득하다. 거시적인 관점에서 전자 배터리 산업계를 보았을 때는 한국과 일본이 양분하고 있는 모양새다. 일본 기업인 파나소닉 사가 37.2%로 월등히 앞서가는 중에 PEVE가 12.8%, AESC가 11.9%를

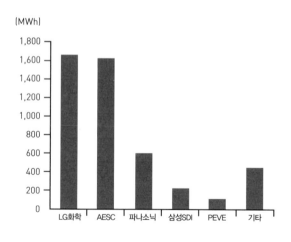

세계 전기 배터리 시장 점유율

자료: B3, 동부 리서치

부품	업체
배터리	LG화학, SK이노베이션, 삼성SDI 등
구동 모터	현대모비스, LG이노텍 등
인버터	LG전자, LS산전
배터리관리 시스템(BMS)	SK C&C, 파워로직스, 이랜텍
충전인프라	LG CNS, SK네트워크

자료 : KB경영연구소

전기차 관련 주요 기업 현황

차지하고 있고, 나머지 회사들은 거의 대동소이하다. 한국 기업으로
는 LG화학이 단연 독보적인 위치를 점유하고 있다. 국내 업계에서
라이벌 구도로 볼 수 있는 SK이노베이션과 삼성SDI와 비교해 봐도
'독주'라고 표현할 수 있을 만큼 엄청난 성장 속도를 보여주고 있다.
현재 GM, 포드. 아우디, 볼보 등 세계적으로 유명한 자동차 브랜드
를 비롯해 국내 현대/기아차까지 공급 시장을 확보한 상황에서 더
나아가, 독일 다임러그룹(메르세데스 벤츠 모회사)을 포함한 고객사
4곳을 단 1년 만에 추가적으로 확보하여 정말 적극적인 활동을 보여
주고 있다. 삼성SDI는 LG화학과 비교하면 점유율이 1/7, SK이노베
이션은 그에도 미치지 못하는 수준임을 고려해 보면 상당히 공격적
인 모습이라 할 수 있다.

3 밀어주는 정부, 고민하는 시장

1) 제품 가격

정책이던 프로모션이던 혹은 이벤트이건 간에, 사람들의 지갑을 여는 가장 확실한 방법 중 하나는 '착한' 가격이다. 여기서 '착한'이란 뜻을 따로 강조한 이유는 무작정 '싸다'는 의미의 '저가'를 말하고자 하는 것이 아니다. 하나의 제품이 가지고 있는 유무형의 가치와 맞물려, 해당 제품의 가격 선택 폭이 점차 소비자들이 인정할 만한 수준으로 조정되고 있는 것을 뜻한다. 업체들은 전기자동차의 대량 공급에 대한 전초전이자 탐색전의 성격으로 잇따라 전기자동차의 가격을 인하하거나 구매 혜택을 마련하는 중이다.

전기자동차의 시판 초기인 2013년 말에는 르노삼성이 SM3 ZE의 배터리 탈·부착이 가능한 퀵 드롭 충전 방식을 홍보하면서 가격을 과거보다 148만원 낮춘 4190만원으로 내놓았다. 한국GM도 편리한 콤보 타입 급속충전 방식과 8년/16만킬로미터 보증 정책을 갖춘 스파크EV를 150만원 내린 3840만원에 내놓았다. 여기에 기아 자동차는 쏘울EV와 레이EV를 구매할 때, 할부금리에 따라서 100만 원 정도를 할인해주고, BMW사는 i3 시리즈를 구매했을 때 3년 뒤 차량 잔존가치를 52%까지 보상하는 혜택을 주기로 했다.

미국에서는 경우가 조금 다르다. 동일 제품 자체의 구성이 우리나라와 미국이 다르게 가져간다. 현재 판매 중인 스파크EV의 제원 구성만 해도 에어백의 수(미국 -10, 한국 -8), 리튬이온 배터리(미국 21kwh, 한국 18kwh), 최대 토크(미국 55.3.kg.m, 한국 48.2.kg.m) 등등 한국의 소비자로서 아쉬움을 느낄 수 있다. 하지만 제품 가격 할인은 동일하다. 미국서 판매 중인 2015년형 쉐보레 스파크EV가 1650달러(한화 약 180만 원) 할인을 적용했다. 2015년형 스파크EV 구매 시 적용되는 할인과 세금 우대 혜택을 더해 비교한 결과, 국내보다 미국서 531만 원 이상 저렴하게 살 수 있는 것으로 나타났다. 업계가 판단하기에 적정 수준이 되면 더 이상 가격적 측면에서의 대폭 할인정책은 정리하겠지만, 소비자들의 시장 호응이 상당히 긍정적임에 따라 향후 다양한 종류의 소규모 인센티브 유인책은 지속할 것으로 예상한다.

2) 정부 지원

기업이 제품 가격에 대해서 자체적으로 '전략'을 진행시킨 점에 발맞춰 우리 정부 역시 환경적 측면과 경제성 측면을 고려해서 유인을 위한 '당근'을 제시하고 있다. 우리나라의 경우 환경부는 정부보조금 내용을 담은 '2016년 환경 예산 · 기금안'을 발표했다. 온실가스 감축, 대기질 개선, 자동차산업 경쟁력 강화를 위해 전기차 · 하이브리드카 · 수소연료전지차 등 친환경차 보급을 확대한다고 밝혔다. 전기차 구매 보조금은 2016년부터 한 대당 1200만 원이며 전기차와 함께 구매하는 충전기 보조금도 400만 원 지원한다. 전체 전기차 정부보조금 규모는 2014년 788억 원에서 2015년 1048억 원으로 늘어남에 따라 보급 대수는 3000대에서 8000대(승용차 7900대 · 버스 100대)로 늘어났다. 또 2016년에는 플러그인하이브리드차에 대해 대당 500만 원씩 보조금이 신설된다. 총예산은 150억 원으로 보조금 지급 대수는 3000대이다. 2014년부터 대당 100만 원씩 지급됐던 하이브리드차 구매 보조금은 2016년에도 동일하게 지급하고 지원 대수를 2015년 3만 대에서 2016년에는 4만 대로 늘린다.

서울시는 2014년 6월부터 지원사업을 시작했다. 서울시가 계획하고 있는 전기자동차 보급 사업 규모는 575대로, 2013년에 비해 3배에 이르는 수치다. 지원 대상이 되는 범위도 전기승용차(510대) 외에 전기트럭(45대), 전기 이륜차(20대)까지 종류와 수를 늘렸다. 지원대상자로 선발되면 서울시의 시비 150만 원을 지원받아 국비 1500만 원을 포함해 총 1650만 원의 보조금을 받게 된다. 웬만한 국내 중고차 시장의 괜찮은 매물을 구매할 수 있는 금액이자, 신형 소형차 무옵션도 살 수 있을 정도의 액수이다. 지원 대상 차종은 기아차 레이EV와 쏘울EV, 르노삼성의 SM3 Z.E, 한국GM의 스파크EV, BMW의 i3 등이다.

서울이 인구 규모와 복잡한 주거환경 탓에 시도 자체만으로 칭찬받는 분위기라면, 제주도는 벌써 '대한민국 전기자동차'의 메카인

양 모든 기업들의 선점시장이 되고 있다. 제주도는 2030년까지 37만 1000대의 모든 자동차를 전기자동차로 대체하는 사업을 추진하고 있는데, '전기자동차 보급 활성화를 위한 조례'를 제정해 공공기관에서 사용하는 자동차부터 단계적으로 전기자동차로 대체할 계획이다. 1단계로 2017년까지는 공공기관, 대중교통을 중심으로 2만 9000대(10%)를 보급하고, 2단계로 2020년까지 대중교통, 렌터카 중심의 9만 4000대(30%) 보급을 목표로 하고 있다. 마지막으로 3단계인 2030년까지 전기자동차 보급률 100% 달성을 목표로 추진하고 있다. 제주도에서 전기자동차는 2012년 10월 218대에서 2013년 469대, 2014년 852대로 성장했고, 2015년 보급 사업으로 전국 점유율 44%가 되었다. 기업들이 욕심을 내지 않을 수 없는 수치이다.

제주도민이 전기자동차 구매를 결정해서 지원받을 경우 제주도에서 나오는 지원 금액비(700만 원)와 국비(1500만 원)을 합해 총 2200만 원의 보조금을 받게 된다. 2014년형 기아자동차의 스포티지 시리즈가 2000~3000만 원 선임을 감안하면 상당히 큰 규모의 지원금이다. 예를 들어 국내서 판매되는 2015년형 스파크EV의 경우 차량 기본 가격인 3990만 원과 비교하면 제주도의 경우 1500만 원의 정부 지원금, 지자체 보조금만으로 2200만 원 할인된 1790만 원에 구매할 수 있다(서울의 경우 정부 지원금과 지자체 보조금, 한국GM의 할인 혜택을 더해 1800만 원 할인된 2190만 원에 자동차 구

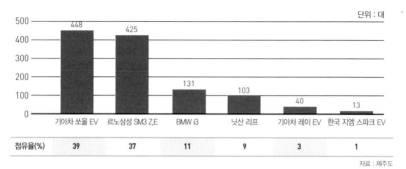

단위 : 대

	기아차 쏘울 EV	르노삼성 SM3 Z.E	BMW i3	닛산 리프	기아차 레이 EV	한국 지엠 스파크 EV
	448	425	131	103	40	13
점유율(%)	39	37	11	9	3	1

자료 : 제주도

2015년 제주도 전기자동차 보급사업 추첨 결과

매가 가능하다). 제주도는 2015년 4월 15일 1483대 지원에 대한 당첨자를 발표했는데 1위는 448대(39%)가 당첨된 기아차 쏘울EV가 차지했다. 2위는 르노삼성차 SM3 Z.E 425대(37%), BMW i3(131대 · 11%)는 3위, 4위는 103대(9%)가 당첨된 닛산 리프, 이후로는 기아차 레이EV(40대 · 3%)와 한국GM 스파크EV(13대 · 1%) 순이라고 한다. 최대 600만 원의 전기자동차 완속 충전기 설치비용은 제주도뿐 아니라 서울에서도 지원이 가능하다.

3) 해외 사례

미국은 2015년까지 플러그인하이브리드차를 포함한 전기자동차 보급 대수를 100만 대, 독일은 2020년까지 전기자동차 100만 대 보급을 목표로 하고 있다. 또한, 일본도 2050년까지 신차의 50%를 비화석연료 자동차로 판매한다는 목표를 설정하고 있다. 한국과는 비교도 되지 않을 정도로 확실히 큰 규모의 수치다. 선진국일수록, 그리고 환경가치에 대해서 민감하게 반응해야 하는 자연환경을 지닌 국가일수록 전기자동차에 대한 관심도가 높다고 표면적으로는 해석할 수 있다. 하지만 좀 더 깊이 살펴보면 비록 전 세계 경제가 하나의 경계선으로 묶여서 기업의 국적을 따지는 것이 무용지물이 되었지만, 미국과 일본 그리고 독일 모두 전 세계 자동차 시장을 좌우하는 글로벌 기업을 거느린 국가인 만큼 정부 주도하에 하나의 새로운 패러다임을 제시해 한계치에 다다른 기존 자동차 사업에 새로운 숨통을 틔어주는 역할을 하는 것으로 이해해도 크게 어긋나지는 않을 것이다.

소비자가 직접 지불하는 최종 전기자동차 가격이 가장 중요한 보급 확대의 열쇠라고 하는 점은 전기자동차 보급률이 가장 높은 노르웨이, 네덜란드의 사례에서 알 수 있다. 해당 국가들의 파격적인 전기자동차 인센티브 지원 하에 두 국가의 플러그인하이브리드차와 내연 기관 자동차의 실 구매가 차이는 매우 근소한 수준을 유지하고

구분	2012년	2013년	전년대비
미국	1.21	4.82	+ 300%
유럽	1.22	2.56	+ 110%

단위 : 만대

국외 전기차 보급 현황

있음을 확인할 수 있다. 이 밖에도 미국을 비롯한 영국, 일본, 독일 등 세계 경제의 거물들이 취하고 있는 전기자동차 관련 지원책을 간추려 소개한다.

네덜란드 유럽에서 전기자동차 인프라가 가장 잘 구비되어 있는 곳이 네덜란드라고 한다. 네덜란드의 전기자동차 수는 2011년 1579대에서 2014년 4만 3762대로 약 28배 증가했고, 충전소도 2011년 1826개에서 2014년 1만 2114개로 늘었다. 이같은 폭발적 성장에는 충전소 확충, 전기자동차를 빌려 쓰는 '카투고Car2Go' 서비스 도입 등 정부가 주도하는 정책들이 상당 부문 효과를 거두었기 때문으로 보고 있다. 재정 지원의 측면 역시 새겨볼 만한 여지가 있다. 네덜란드는 자동차 구매 시 20%에 달하는 취등록세를 부과한다. 그러나 플러그인하이브리드차의 경우 취등록세를 2013년까지 전액 면제해 주었다. 그 외에도 매년 부과되는 자동차세를 면제해 줘 개인의 경우 4년간 약 5324유로, 법인 자동차는 5년간 약 1만 9000유로의 추가적인 절세 효과가 있었다. 취등록세 면제는 2013년 12월 31일 이후 종료되었으나, 여전히 전기자동차는 4%, 플러그인하이브리드차는 7%의 상대적으로 저렴한 금액을 부과중이다.

노르웨이 노르웨이는 자동차 구입 시 등록세가 평균 1만 2천 달러에 달해 등록세가 비싼 것으로 유명한 국가인데, 네덜란드 못지않은 전기자동차 선진국이기도 하다. 3만 4000대 가량의 전기자동차가 노르웨이 도로를 달리고 있는데, 신차 판매대수 가운데 15%가 전기자동차라고 한다. 2020년까지 이산화탄소 배출량을 30%(1kg당 85g 이하) 줄이고, 2050년까지 탄소 절감화를 목표로 하는 환경 정책 때문인지 모르겠으나, 노르웨이 정부 역시 이러한 모토에 맞춰 전기자동차 보급에 열을 올리는 추세다. 때문에 우리나라처럼 단계와 단계를 생략하는 급진정책이 아니라 착실한 계획을 세웠다. 노르웨이 정부는 2000년대 들어 '전기자동차 선진국'을 정책 목표로 내걸고 전기자동차 사용자를 독려하는 정책을 체계적으로 실시했는데 1) 세제 혜택 2) 유료도로 요금 면제 3) 번호판에 'EL(전기자동차 표식)'이 있으면 버스전용 차선 이용 허용 4) 충전 인프라 보조금 5) 공용주차장 무료 개방 등 실제로 자동차를 이용하는 운전자들의 시선으로 짜낸 정책이라는 느낌이 들를만큼 전방위적이며 대중적인 전략으로 가득차 있다. 특히 세금 혜택이 강력하다. 자동차 등록세(폭스바겐 골프의 경우 7500유로) 및 부가가치세(25%)를 면제해 준다.

미국 GM의 스파크EV의 기본 가격은 2만 5995달러(한화 약 2848만 원)로 하향되었다. 미국 연방 정부에서 지원되는 세금 우대 정책, GM의 보너스 캐시 프로모션 등을 적용하면 가격은 1만 4995달러

(한화 약 1643만 원)로 더욱 낮아져 한국과 거의 비슷한 수준이다. 39개월 리스 구매 시 월 159달러(한화 약 17만 원)를 지불했던 비용도 139달러(한화 약 15만 원)로 14.3% 줄었다. 이 정도면 상당히 괜찮은 혜택이다. 미국 내 일부 지역에선 지자체 단위로 구매 지원금 혜택을 받을 수 있어 스파크EV를 더욱 저렴하게 살 수 있다. 캘리포니아 주에선 1000달러의 지원금과 2500달러의 세금 우대 혜택을, 메릴랜드 주는 1200달러의 지원금과 2300달러의 세금 할인, 오리건 주는 3500달러의 지원금을 제공한다. 3500달러 규모의 비용 혜택까지 더하면 미국에서 최저 1만 1495달러(한화 약 1259만 원)에 스파크EV를 살 수 있게 된다. 약 1300만 원으로 놓고 볼 때, K3나 아반떼 같은 준중형차량 무옵션 신차를 감당할 수 있는 금액이다. 미국과 한국의 소득 격차를 고려했을 때는 상당히 적극적인 지원책으로 평가할 수 있다.

4 전기자동차와 수소자동차의 특성

휘발유, 경유 등으로 구동되는 일반 내연 기관 자동차와는 달리, 배터리와 전기모터만으로 구동되는 자동차가 바로 전기자동차이다. 이렇듯 단순한 차체 구조로 인해서 부품의 수가 상당히 줄어들고, 무한에 가까운 동력원인 전기로 구동이 되니 에너지 효율이 높다는 장점도 있다. 결정적으로, 석유를 쓰지 않아서 배기가스가 나오지 않으니 대기를 오염시키는 이산화탄소CO_2 배출량이 가솔린 자동차에 비해 절반 정도 적어 환경 파괴자로서 '자동차' 산업의 인식을 바꿔 준다는 점이 가장 큰 매력 포인트일 것이다.

위에서 언급했듯이, 휘발유·경유 등 기름이나 가스를 사용해서 구동하지 않는 자동차가 하나 더 있다. 바로 수소자동차이다. 수소 자동차는 연료로 엔진에서 수소를 연소시켜 사용하기 때문에 매우 적은 양의 질소산화물만을 발생할 뿐 배기가스의 청정도가 높다는 장점이 있다. 특히 수소는 무색, 무취, 무미, 무독성의 기체로, 단위 질량당 에너지가 매우 커 연료로서 우수한 성질을 지니고 있다. 또 한, 수소는 물을 원료로 전기분해하고, 사용 후에는 물로 되돌아가 는 재생 가능한 에너지원이기 때문에 고갈될 걱정이 없어 실용화의 기대를 모으고 있다는 점이 가장 큰 이점일 것이다.

앞서 몇 차례 언급하긴 했지만, 전 세계의 경제 화두가 '친환경' '세 계자연보호' 같은 절대가치의 흐름을 타고 나가는 경향을 보여주는 데, 기업의 입장에서도 미래를 생각하는 신선한 기업이라는 이미지 와 새로운 산업 동력원을 찾는 입장에서 상당히 좋은 기회로 여겨지 고 있다. 오히려 전기자동차가 지금은 상당한 이목을 끌고 있지만, 각 기업들이 우수한 연구진을 꾸려 전기자동차보다 더 매력적이고 많은 사람들에게 호소력을 심어 줄 수 있는 아이템을 비밀리에 연

	전기자동차 (EV)	하이브리드차 (HEV)	플러그인하이브리드 차(PHEV)
구동원	모터	엔진+모터(보조동력)	모터, 엔진(방전시)
에너지원	전기	전기, 화석연료	전기, 화석연료(방전시)
배터리	10~30kwh	0.98~1.8kwh	4~16kwh
특징	충전된 전기 에너지만으로 주행, 무공해 차량	주행 조건별 엔진과 모터를 조합한 최적운행으로 연비 향상	단거리는 전기로만 주행, 장거리 주행시 엔진 사용, 하이브리드+전기차의 특성을 가짐
적용 사례	닛산 리프 미쯔비시 아이미브	토요타 프리우스 혼다 시빅	GM 볼트, 피스커 카르마

전기자동차의 분류

구하고 있을지도 모른다는 추측을 하는 것도 전혀 이상한 일은 아닐 것이다. 어찌되었든 전기자동차는 인류가 '자동차'라는 구륜 기기를 사용한 근 200여 년간의 역사 속에서, 디자인이나 소재 같은 외형적인 변화가 아닌 '동력원'이나 '구동 원리' 같은 본질적인 패러다임에 변화를 주는 첫 번째 존재이다. '전기자동차'의 등장은 향후 세계 경제 전반에 걸쳐 마치 스마트폰 보급으로 사람들의 일상생활에 대전환을 불러일으킨 것처럼 거대한 영향을 줄 것으로 예상된다.

5 미래 자동차의 거대한 두 축, 전기자동차 vs 수소연료전지차

1) 세계 자동차 시장의 재편

　미래의 자동차에는 전기자동차만 있는 것은 아니다. 전기자동차만큼, 아니 그보다 훨씬 이전부터 기업과 일반인들의 주목을 받아온 '수소연료전지차'의 존재가 바로 그렇다. 개발에 대한 구체적인 논의가 있었던 4~5년 전보다 훨씬 더 수소연료전지차와 전기자동차가 벌이고 있는 경쟁이 치열해지고 있다. 경제 분야에 관심이 있는 사람이라면, 혹은 장사를 해본 경험이 있는 사람이라면 '시장 선점'의 중요성은 충분히 알고 있을 것이다. 사람들의 기억 속에 제일 '먼저' 각인되어 있기에 가장 '쉽게' 떠올릴 수 있고, 가장 '빠르게' 주류main stream가 될 수 있는 조건이 바로 첫 주자의 포지션이기 때문이다. 모든 조건이 구비된다면 더할 나위 없이 좋겠지만, 일단 내연 기관 자동차 일변도의 현재 시장 상황에서 거의 '맨 땅에 헤딩하는' 수준으로 기업들 스스로가 100%의 기술/세일즈/마케팅 환경을 구축하고 있는 만큼 친환경 미래자동차 시장이 태동하는 이 시점에서 어느 기업, 어느 산업으로 주도권을 빼앗기면 만회가 힘들다고 판단되기 때문이다. 이에 해당 기업들은 적극적이고 전투적으로, 때로는 조금 무모하다 느끼는 방법으로 시장 공략에 박차를 가하고 있다.

　미국 전기자동차 업체 테슬라가 모델S의 대성공으로 전기자동차 업계를 주도하고 있는 가운데 다른 수소연료전지차 진영에서는 '자동차 장인' 토요타를 필두로 여러 업체가 경쟁적으로 수소연료전지차 생산을 확대하고 있다. 더욱이 전 세계 2위 전기자동차 시장인 일본이 정부 차원에서 수소연료전지차 지원을 밝혀 양 진영 간 본격 경쟁을 예고하고 있다. 우리나라에서도 현대(기아)차가 본격적으로 이 수소연료전지차 시장에 진입한 지 2년이 되었다. 다만 아쉬운 부분이 있다면 현대자동차는 하이브리드차는 물론 전기자동차, 수소연료전지차 등 모든 친환경 자동차의 라인업을 구축하고 있지만, 현대라는 브랜드를 단독으로 내세울 만한 뚜렷한 '필살기'의 성격을 띤 기술이나 제품이 아직은 미비하기에 향후 경쟁 구도에서 포지션이 조금 애매한 편이라고 볼 수 있다.

전문가들의 말에 따르면 이 같은 주도권 싸움의 양상은 하이브리드, 전기자동차, 수소연료전지차 순으로 친환경 자동차 시대가 진행될 것이라고 한다. 다만 우리가 주목해야 할 점은, 하이브리드의 구동 원리 자체가 기존 가솔린/디젤 동력원에 전기모터를 추가시켜 더블 코어Double-core 형태로 연비를 높이는 방식에 있다. 이 말인 즉, 현재 미래형 자동차 생산을 계획하고 실행하는 기업들이 이 하이브리드를 '중간 기착지' 혹은 '과도기적 형태'로 설정해 전기자동차, 수소연료전지형차로 자신들의 컨셉을 잡는다는 것이다. 세계의 자동차 산업의 흐름이 정확하게 '전기자동차 vs 수소연료전지차'의 대결 양상으로 재편되어 가고 있다고 봐도 무방할 것이다.

2) 전격 비교. 전기자동차 vs 수소연료전지차

미래형 자동차를 이끄는 전기자동차와 수소연료전지차에 대해서 앞서 언급했으니, 이제 실질적인 성능과 체감의 비교를 통해서 '제품' 그 자체에 주목해 보도록 하자. '가격'이 구매요소에서 중요한 부분임에는 틀림없지만 이번 파트에서는 기능성에 초점을 맞추어 보자.

환경성

연료전지차든 전기자동차든 자동차 업계가 이 두 제품을 소비자에 어필할 수 있는 가장 큰 매력은 다름 아닌 환경성, 즉 무공해 자동차라는 부분이다. 최근 피해 효과의 진위 여부를 두고 말들이 많은 지구 온난화를 비롯해 대기 오염, 연료 채취로 인한 자연자원 고갈과 이에 따른 주변 환경 파괴 등 환경적인 요소에 민감한 여러 선진국과 세계인들의 투자와 구매 욕구를 자극할 만하면서도 기존 연료 자동차가 지니고 있지 못한 장점들을 죄다 갖추고 있는 제품들이기 때문일 것이다.

전기자동차의 경우, 운행 중 대기오염 물질이 전혀 발생하지 않는다. 예를 들어 휘발유 이용 자동차 1대를 전기자동차로 전환하면 일산화탄소$_{CO}$는 25킬로그램, 질소산화물^{NOx}은 5킬로그램, 휘발성 유기화합물^{VOC}은 4킬로그램을 감소시킬 수 있다. 이로 인해 연간 약 2.3톤의 이산화탄소^{CO_2}를 줄일 수 있어 전기자동차 1대(경차 기준)로 소나무 약 450그루를 심는 효과를 얻을 수 있다.[15] 운전 도중에 예기치 못한 방전이 일어나 도로 한복판에서 멈춰서는 일이 100% 발생하지 않는다는 보장만 된다면 더할 나위 없이 좋은 자동차의 조건이지 않을까? 아스팔트가 녹아내리는 무더운 여름에 뿌연 매연까지 섞인 도로가 막히기까지 한다면 좋았던 컨디션도 나빠지는 건 한순간일 것이다. 그나마 전기자동차로 운전자들의 스트레스를 조금이나 줄일 수 있게 되었다고 해야 할까?

반면, 수소연료전지차는 물을 배출한다. 에너지원으로 사용하는 수소와 산소가 화학반응을 하면서 물이 생기기 때문이다. 그런데 이게 좀 독특하다. 이때 생성되는 물이 맑은 물이라나? 토요타의 경우 자신들의 주력 수소연료전지차 '미라이MIRAI: 일본어로 미래(Future)'가 달릴 때 생기는 물에 대해 "우유보다 깨끗하다"고 미라이를 제작한 디자이너 세이지 미즈노가 직접 말했을 정도로 깨끗함에 확신을 가지고 있다. 인체에 99.9%로 아무런 영향을 끼치지 않는다는 것이다. 물론 "마시는 걸 권장하지는 않는다."라고 이어서 말한 것을 보면, 우리가 생각하는 대로 이 물을 받아 마시는 모양새가 그다지 좋아 보이지는 않는다는 부분에는 동의한 듯하다.

---

15 충전인프라 정보시스템 (evcis.or.kr)

편리성

이미 기존 연료 자동차의 충전기지 역할을 하는 주유소들은 전국에 쫙 깔렸다. 더욱이 한때 주유소가 '재테크'의 투자 수단으로 활용된 시대가 있어서 그런지는 몰라도 숫자가 엄청나다. 심지어 섬에도 있다. '대한민국 어디든 사람 사는 곳에는 편의점과 주유소가 있다.' 는 말을 농담 삼아 들은 적이 있는데, 충분히 공감이 가는 이야기다. 그만큼, 이제 다루게 될 '편리성'이라는 개제는 소비자가 불편함을 느끼지 않을 만한 '시간'과 '공간' 절약의 싸움이 될 것이다.

충전의 과정만 따져보면 수소연료전지차가 훨씬 더 편리하다. 충전기를 꽂으면 3~5분 만에 수소를 탱크 가득 채울 수 있다. 직접 주유소에서 핀을 꽂고 서 있기만 하면 된다. 반면에 전기자동차는 훨씬 더 많은 시간이 더 걸린다. 일반적으로 스마트폰이 100% 충전하기 위해서는 1~1시간 반 정도의 시간이 걸린다(콘센트 충전의 경우). 대용량의 에너지를 저장하는 전기자동차의 경우는 이보다 시간이 더 걸릴 것이 확실하지 않을까? 대부분의 전기자동차는 배터리를 가득 채우기까지 대략 3시간 정도 필요하다(완속충전기 사용시). 급속충전기를 사용하면 20~30분 만에 80%까지 채울 순 있다. 하지만 안타깝게도 현재 기술과 제품의 한계상, 90~100킬로미터정도를 주행한 이후에 또 다시 충전이 필요하다는 약점이 있어 개선이 필요하다.

편리함을 확보하기 위한 첫 번째 조건, 충전을 하기 위해서는 시

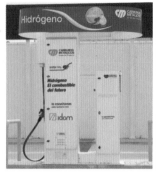 

수소 충전소   전기 충전소

설이 필요하다. 아파트에 작은 주입 공간을 마련하든, 자체 소형 교체 배터리를 지니고 다니든 간에, 기업이나 일반 구매자들 90% 이상은 현재 구비되어 있는 주유소만큼의 접근성을 원할 것이다. 그만큼 중요한 것이 이 '인프라'의 개념이다. 확실히 현재는 전기자동차 인프라가 수소연료전지차보다 좀 더 우위에 있다. 앞서 언급했던 바와 같이 전기자동차는 가정용 완속 충전기가 각 가정에 필수적으로 구비되며 공공장소용 급속충전기가 현재 전국적으로 177개 정도 설치돼 있다. 물론 토지 규모와 자동차 수를 예측했을 때 177개는 터무니없는 수준이지만, 어디까지나 수소충전소 11개(전국 기준)와 직접 비교를 했을 때 우위에 있다는 것이다.

주행거리를 평균적으로 따져 봐도, 수소연료전지차가 전기자동차에 비해 좀 더 길다. 1회 충전을 기준으로 하면 수소연료전지차는 일반적인 전기자동차보다 200킬로미터 이상을 더 달릴 수 있다고 한다. 토요타 미라이는 1회 주행 거리가 480킬로미터, 현대차가 투싼을 기본으로 만든 투싼 수소연료전지차는 415킬로미터 정도. 그에 비해 BMW 전기자동차 i3는 약 130킬로미터, 기아차 쏘울EV는 약 150킬로미터, 그리고 닛산 리프가 약 175킬로미터를 달릴 수 있다. 물론 이런 주행거리의 약점을 극복하기 위해 나온 테슬라의 전기자동차 모델S는 한 번 충전으로 약 420킬로미터 정도를 달릴 수 있다. 특히 2015년 3월 19일 최고 경영자 엘론 머스크의 발표 내용은 다음과 같다.

앞으로 수개월에 걸쳐 인터넷을 통해 자동으로 업데이트가 이뤄집니다. 여기에는 개선된 내비게이션 시스템과 배터리 방전 경고 시스템, 무인자동차 기능 등이 포함되어 있습니다. 이제 고의적으로 하지 않는 이상 운전자가 배터리를 다 써서 도로 한가운데서 차가 멈출 걱정은 하지 않아도 됩니다.

모델S의 무선 소프트웨어 업데이트 기능은 다른 자동차 제조업체와 가장 큰 차별점 중 하나다. 마치 애플의 아이폰처럼 독자적인 운영 소프트웨어가 인터넷으로 연결되어 있다. 테슬라는 멀티미디어 시스템뿐만 아니라 주행 능력 및 안전 문제도 자체 소프트웨어를 통해 해결해 왔다. 60킬로와트(kwh) 배터리를 탑재한 기본 모델은 충전 없이 한번에 340킬로미터, 85킬로와트 버전의 모델은 430킬로미터 주행 가능하다.

　물론, 전기자동차 시장 업계 1위가 테슬라이지만, 네임밸류^{Name} ^{Value}에서는 결코 뒤지지 않는 아우디도 전기자동차 시장에 후발주자로 뛰어 들었다. 아우디가 들고 올 제품은 1회 충전으로 최대 500킬로미터이상 갈 수 있는 전기 스포츠유틸리티차량^{SUV}이다. 디자인 모티브나 성능 플랫폼 역시 자사의 기존 브랜드인 Q5를 베이스로 하며, 무게를 줄이고 주행거리를 늘리는 데 도움이 되는 폭스바겐그룹의 2세대 MLB 플랫폼을 적용한다고 한다. 신차는 경쟁차종인 '테슬라 모델X'보다 주행거리가 길며, 80%를 충전하는데 20분이면 충분

이미지 출처 : 아우디 홈페이지

아우디 전기자동차

하다. 아우디가 전기자동차와 플러그인하이브리드차를 위해 개발한 새로운 디자인도 활용할 방침이다.

한편 테슬라 모델X는 팔콘 윙falcon wing 도어의 독특한 개성을 가진 고성능 전기 SUV다. 이 차는 2개의 전기모터를 장착해 정지 상태에서 시속 100킬로미터까지 4.4초에 도달하며, 1회 충전에 최고 400킬로미터 이상을 달린다.

안전성

지금까지 전기자동차의 위험 요인으로 지목되는 것은 없다. 전 세계에서 가장 많이 팔린 전기자동차 닛산 리프의 경우를 봐도 전기자

이미지 출처 : 아우디 홈페이지

아우디 전기자동차

동차라서 안전에 문제가 된 부분은 없다. 전기자동차의 안전성과 관련해 가장 논란이 되었던 것으로 테슬라 모델S 화재 사건이 있다. 테슬라 모델S는 2013년에만 2건의 화재 사건에 휘말렸다. 하지만 조사결과, 화재는 충돌 사고나 외부 충격에 의해 배터리가 손상되면서 일어났다. 테슬라는 이것마저도 신속하게 보완했고, 2014년 11월에는 유럽 신차안전도 평가에서 별 5개를 받아 안전성을 입증받았다.

하지만 수소연료전지차에 대한 걱정은 이제 시작이다. 우선 많은 이들이게 수소를 동력원으로 사용하는 자동차는 생소하다. 수소는 위험한 물질이라는 생각을 가진 사람들도 많다. 이는 수소의 성질에서 비롯됐다. 기체 상태의 수소는 폭발성이 강하다. 작은 자극에도 불이 붙기도 한다. 때문에 위험한 물질이라는 인식이 꽤 퍼져 있다. 수소연료전지차를 만드는 회사들은 충분한 안전성을 확보했다고 한다. 그러니까 일반 소비자들에게도 판매를 시작하는 것이다. 하지만 사람들의 믿음을 얻기까지는 시간이 조금 걸릴 것으로 보인다.

시장의 동향

전기자동차는 현재 사용하고 있는 가솔린, 휘발유를 사용하는 내연 기관 자동차가 가지고 있는 온실가스 · 배기가스 다량 배출과 같은 환경문제와 비싼 유지비를 해결할 수 있는 근본적 대안 중 하나이다. 전기자동차는 2013년에 미국에서의 판매량이 9만 6천 대를 넘어, 2013년에 이미 전기자동차 시장은 200만 대를 넘어섰고, 2020년에는 650만대 이상이 판매될 것으로 예상된다. 전기자동차 중에서도 플러그인하이브리드차가 연평균 31.9%, 배터리 전기자동차가 연평균 31.5%씩 판매량이 증가하면서 전체 전기자동차 판매량 증가를 주도하고 있다(하이브리드차 판매량은 연평균 11.5%씩 증가하고 있다).

그에 이어 자동차 강국들은 자동차 제조업체들과 협력하며 수소연료전지차 개발과 보급에도 본격적으로 가세하고 있다. 전 세계 수소연료전지차의 시장규모는 2015년에 6600억 원을 기록하고 2020년에 7조 원, 그리고 2025년에 30조 원대로 급성장할 전망이다. 현대차는 2015년에 투싼ix 퓨얼셀을 전 세계에 500여 대나 판매했다. 토요타도 미라이를 2015년에 일본과 미국, 유럽 시장에 총 700대를 판매했고, 2016년에 2천 대, 2017년에는 3천 대로 증가시킬 계획이다. 2015년 10월 토요타가 2020에 이르러 연간 3만 대의 수소연료전지차를 판매하겠다고 공식적으로 발표한 것도 이 거대 시장의 주도권을 잡기 위한 것으로 보인다.

일본은 2016년에 가와사키 시에 대형수소연료 공급기지를 건설하고 도쿄 등 주요 거점 도시에 수소충전소 100개를 만들 계획이다. 2025년까지 수소충전소를 1000개 만들고 2030년까지 2천 개의 수소충전소를 만드는 등 수소차 인프라 구축에 집중한다는 방침이다.

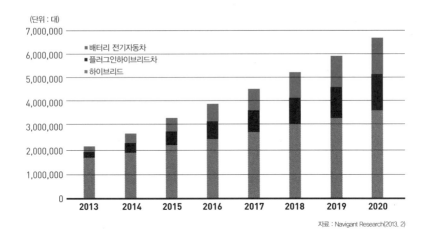

(단위 : 대)

- 배터리 전기자동차
- 플러그인하이브리드차
- 하이브리드

자료 : Navigant Research(2013. 2)

전세계 전기차 판매량 추이 예측(2013~2020)

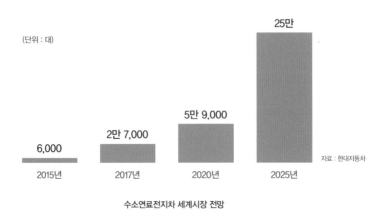

(단위 : 대)

25만

5만 9,000

2만 7,000

6,000

2015년　　　2017년　　　2020년　　　2025년

자료 : 현대자동차

수소연료전지차 세계시장 전망

충전소 1개를 짓는 데는 30억 원 정도가 든다. 소비자들의 구입 부담을 줄이기 위해 예산에 수소차 구입에 대한 보조금 지급 포함 방안도 검토 중이다.

미국의 수소 산업 본산인 캘리포니아 주의 주의회는 2023년까지 수소충전소 건설에 매년 2,000만 달러의 예산을 배정하여 수소충전소 건설비용의 85%를 정부가 지원하는 등 수소차 보급촉진 법안을 통과시켰다.

독일은 수소 관련 산업 지원을 전담하는 국가 기구인 NOW^{National Organization of Hydrogen and Fuel Cell Technology}를 설립하여 2023년까지 독일 전역에 수소충전소 400개를 설치할 계획이다. 이에 의하면 독일의 고속도로 90킬로미터마다 수소충전소 한 곳이 들어서게 된다. NOW는 이런 계획과는 별도로 2조 원 규모의 자체 예산을 가지고 50개 이상의 수소충전소 설립 계획을 구상 중이다.

영국은 현대차와 벤츠 등 4개 완성차 업체, 8개 수소 관련 기업과 공동으로 2015년부터 상용보급을 시작한다는 내용의 수소차 프로젝트(UK H2 Mobility)를 마련한 상태다. 중국 정부도 지난해 신에너지 차량에 대한 보조금 계획에 사상 처음으로 수소차를 포함시켰다. 상업용 수소차는 대당 50만 위안(8400만 원), 개인용 수소차는 대당 20만 위안(3360만 원)의 보조금을 지급하게 된다.

우리나라는 2017년까지 수소충전소에 대한 관련 제도와 인프라를 정비하여 2020년 이전에 대중화 기반을 구축한다는 계획을 세워두고 있다.

3
커넥티드 카

1 스마트(Smart)?

누구나 쉽게 생각할 수 있는 세상의 이치 중 하나는 '이 세상에 가치 있는 일 가운데 쉬운 일은 없다.'이지 않을까? 모든 일에는 자신이 이루고자 하는 뜻인 목적과 그 실천 방안인 실행이 있다. 우리는 모든 실행이 투입한 노력에 대비해서 최대한의 효율을 보고자 하는 욕심이 있다. 이것은 경제 활동에도 그대로 적용된다. 적정한 품질에 적정한 서비스를 제공하며, 고객과 소비자, 산업 종사자 모두 편하게 이용할 수 있는 방식을 모색하는 것이 바로 그것이다.

IT 업계 또한 이 범주를 벗어나지 않는다. 최대한 많은 사람들이 편리한 기기의 효용을 누리게끔 하면서 기업체 스스로도 새로운 성장 동력으로 그 양상을 삼고자 한다. 밀레니엄 시기 닷컴 열풍과 벤처 붐이 있었고, 그 후로 10여 년이 흐른 요즘은 IT 업계의 공룡 기업들이 사람들의 눈길을 사로잡았다. 우리가 흔히 아는 애플, 구글,

마이크로 소프트 같은 플랫폼/소프트웨어 업체뿐 아니라 삼성, LG 등의 디바이스 업체까지 모두 '스마트'에 꽂혀 있다.

사람의 손길이 닿는 생활공간 어디에서든지 네트워크 서버와 연결된 인터넷에 접속할 수 있다는 유비쿼터스 개념은 2000년대 중후반에 등장한 스마트폰과 함께 사회에 녹아들기 시작했다. 스마트폰은 우리가 오프라인으로 장소를 찾아 해결해야 했던 거의 모든 업무들을 대신 할 수 있게 되었을 뿐 아니라, 폴더 폰으로 대변되던 기존 2G 환경에서의 빈약했던 서비스 품질이 엄청나게 향상되었다.

통화와 영상 시청은 기본이고 티켓 예매, 은행 업무, 개인 민원처리, 내비게이션 길 찾기, 인터넷을 활용한 각종 정보 검색, 하다못해 벌금 납부 등 수 많은 편의 기능들이 사람들의 삶 속에 녹아들었다. IT 개발자들은 사람들의 요구를 충족시키면서 수익성을 함께 도모하고자 사람들의 요구를 철저하게 분석해 각종 어플리케이션App 개발을 이끌면서 이용자들의 선택을 노리고 있다. 이러한 스마트 디바이스의 어플리케이션 주도의 환경을 '생태계ecosystem'로 통칭하는 표현도 바로 이런 상호간의 요구가 맞아 떨어지면서 개발과 소비, 평가가 살아 움직이는 시스템을 형성했기 때문인 것이다.

2 뜨거운 사물인터넷 붐

스마트 환경 속에서 우리의 삶은 2000년의 '밀레니엄' 시기와는 천양지차다. 그리고 여기에 IT 테크놀로지 업계뿐 아니라 미래 산업 동력으로 각광받고 있는 사물인터넷 IoT, Internet of Things 개념의 등장은 '스마트'라는 단어와 함께 엮이면서 우리에게 지금과는 또 다른 삶의 모습을 상상하게끔 하는 매개가 되고 있다.

제레미 리프킨이 2014년 4월에 출간한 『한계비용 제로사회』를 통해 말했던 사물인터넷은 '모든 기계, 비즈니스, 주거지, 자동차 등 개별 단위의 운영체계들이 커뮤니케이션/에너지/물류 인터넷 허브와 연결되어 큰 범주에서 하나의 구조를 이루는 네트워크 개체가 된다.'는 개념이다. 언제 어디서나 시간과 장소를 가리지 않고 자신이 마주하는, 접촉하는 모든 사물들과 인터넷으로 연결될 수 있다는 설명이다.

학술적인 의미에서도 보면, 사물인터넷은 인류 역사를 통틀어 수많은 패턴으로 성장해 왔던 경제활동 대부분의 한계 비용 개념을 제로로 만들 잠재력을 가진 기술이라는 것이다. 엄청난 생산성 향상을 가능하게 할 인류 역사상 최초의 가공할 만한 스마트 기술 인프라스트럭쳐 Infrastructure이자 새로운 기술 플랫폼이다. 때문에 기술 혁신은 사물인터넷으로 집중되고, 사물인터넷이 인간의 생활을 혁신적으로 변화시켜 기업의 패권을 좌우할 것이다. 단순히 터치 화면을 이용한 패널 유비쿼터스의 최종 목적지라고 봐도 어색한 해석은 아니다. 쉽게 설명하면 말 그대로 사물 간의 통신을 주고받는 것을 말한다.

하지만 이와 같은 간단한 정의라면 사물통신Machine To Machine, M2M이나 과거의 유비쿼터스와 무엇이 다른가 하는 의문을 제기할 수 있다. 사물인터넷은 위의 기본 전제에 센서 네트워크를 통한 사물인지Cognitive Science와 지능intelligence을 더하고 이미 과거부터 존재했던 각각의 사물망을 인터넷과 같은 거대한 망으로 연결, 하나의 틀로 묶어 제공하는 기술을 통칭하는 것이라고 정의할 수 있다.

우리가 그간 이용해 오던 오프라인 중심의 관리 통제 시스템 하에 있던 많은 개체들이 네트워크 인터넷 환경에 연결되어 정보의 교환

이 이루어지면, 여기에 그치지 않고 더 나아가 컴퓨팅 인공지능의 발달로 정보들이 신속하고 수월하게 스스로 수집되고 연결되어 처리되는 세상이 된다. 상호간 공유된 정보를 개체^{컴퓨팅 프로그램} 스스로가 각각이 놓여 있는 상황에 적응하도록 가공하여 사용하면서 사물은 스스로 학습할 수 있는 능력을 부여받고 패턴, 확률 등의 정확도를 높이는 '지능성^{Intellectuality}'을 지니게 된다.

이러한 사물인터넷의 예상되는 이용 범위는 꽁장히 넓다. 몇 가지 달콤한 사례들을 생각해 보자. 여행을 좋아하는 사람 혹은 이런 저런 사정으로 집을 자주 비우는 사람, 가게 문을 닫고 들어가는 자영업자들은 안전에 대한 예민함이 상당히 높은데, 현관 출입문을 잠그는 것이나 혹은 도둑이 문을 열고 몰래 들어오지는 않을까 걱정하는 사람들의 마음을 안심시켜줄 기술 제품이 있다.

슈라지^{Schlage}의 링크^{LiNK} 시스템은 PC와 아이폰·아이패드를 통해 문을 잠글 수 있는 인터넷 연결 출입문 자물쇠의 대표적 사례로 상용화가 진행된다면 방범에 대한 걱정을 줄여줄 것이다. 미국 택배/물류 운송업체 페덱스^{Fedex}의 센스 어웨어^{Senseaware}는 배송물의 움직임을 수시로 체크해 보여줄 뿐 아니라 배송물이 놓인 환경^{온도, 습도, 기압, 내용물의 빛 노출 여부 등}에 대한 정보도 실시간으로 제공한다.

미국 벤처기업 코벤티스^{Corventis}는 1회용 밴드 같이 생겨 환자의 심장에 붙이기만 하면 심장 운동을 감시해 알려주는 심장감시기를 개발해 각광을 받고 있다.
미국 식품의약국^{FDA}이
2010년 이 제품을 공식
승인했는데 이는 안정성
과 상업적 측면에서 동시
에 효과를 볼 수 있다는
인증인 셈이다. 무선센
서가 내장된 밴드 형태의

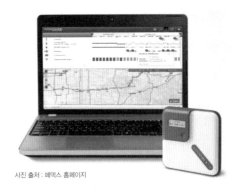

사진 출처 : 페덱스 홈페이지

페덱스의 센스 어웨어

픽스 제품이 심장 주변에 부착되어 실시간으로 심박 수나 체온 등을
체크하고 신체 이상 징후를 감지했을 때 코벤티스 중앙관제센터로
검사 결과가 전송된다. 검사 결과에 따라 의료진 연결까지 절차가 이
어지니, 진찰에 대한 정확도 역시 한층 더 높아지는 효과를 누릴 수
있다.

　이 밖에도 사물인터넷은 서울 한복판에 빈 주차장이 어디에 있는
지 길을 헤매지 않게 알려줄 수도 있고, 황사 낀 오후 어느 시간대가
가장 호흡하기 편한 시간인지, 학교 주변 공사 현장의 소음 발생이
심하지는 않는지 정확히 알려줄 것이다.

3 새롭게 태어난 자동차의 의미

매년 1월 미국 라스베이거스에서는 세계 최대 가전제품 박람회인 '국제전자제품박람회CES, Consumer Electronics Show'가 열린다. 그런데 2015년부터는 재미있게도, 세계 유수의 많은 자동차 업체들이 이 가전제품 박람회에 대거 등장하기 시작한 것이다. 우리나라 자동차 업체도 예외는 아니었다. 현대자동차의 2세대 제네시스가 미국에서는 2015년형 제네시스로 소개되며, 국제전자제품박람회에 나타난 것이다. 가전제품 박람회에 왜 자동차 업체들이 속속들이 데뷔하는 것일까? 그것은 바로 자동차에서 전자부품이 차지하는 원가비중이 2002년에는 12%, 2005년에는 20%, 2010년에는 37%에서, 2014년에는 고급 자동차의 경우 드디어 전자부품이 차지하는 원가비중이 50%를 넘어섰기 때문이다. 다시 말해서, 더 이상 자동차는 '기계장치'가 아닌, 오히려 '전자제품'에 더 가까워진 기원점이 되기도 한 것이다.

— 변영재 Unist 전기전자공학부 부교수 —

위의 인터뷰처럼 이제 자동차는 첨단기계라기보다는 전자 장비다. 엔진 브레이크, 조향장치 등 주요 기능뿐 아니라 여러 가지 편의 기능이 모두 컴퓨터로 제어된다. 무인자동차와 비행자동차가 구동 원리와 디자인 측면에서 한 단계 진일보한 접근이었다면, 이번에 소개할 '커넥티드'의 개념은 차체 내부, 시스템 프로세스의 변화를 뜻한다. 쉽게 말하면 '자동차의 스마트폰화'라는 표현을 써도 되겠지만,

우리가 앞에서 신나게 말을 늘어놓았던 사물인터넷의 개념을 적용하면 좀 더 섬세한 의미로 접근하게 될 것이다.

이론상 형성기이기 때문에 학술적으로 통일된 의미는 단단하지 못하고, 관련 학자들과 업계 종사자들의 해석은 제각각이지만, 사물 하나하나가 정보 공유 체계, 이를테면 개별 인터넷 IP 주소를 보유하고 있어 상호 연결이 가능한 네트워크 체제로 사물인터넷을 표현하는 것에 이의를 제기하지는 않을 것이다. 따지고 보면 자동차는 역사적으로 인류 기술 진보의 집약체였다. 먼 옛날의 '바퀴'와 '증기기관', '가솔린', '모터'부터 시작해서 'LPG', 'CD 오디오', '네비게이션', '친환경 연료' 그리고 작은 나사를 포함한 정말 다양한 크기와 종류의 부품들까지 새롭게 등장하는 기술들은 자동차 구성에 빠지지 않는 요소였다.

스마트 디바이스 환경이 구현된 2015년, 사물인터넷과 자동차의 만남은 우리가 기존에 적응해 왔던 운전 패턴에 대한 재정비를 본격적으로 요구할 것이다. 사물인터넷과 결합한 스마트화로 인해서 각 개체마다 해킹과 소프트웨어 업데이트 미비에서 오는 성능 미비 같은 문제가 분명 부각되고 있지만, 스마트 기술 적용 전반의 문제이지 자동차 산업에 국한된 문제가 아니다. 자동차가 이제 '기계장치'가 아니라 '전자제품'에 가까워졌다는 표현에 걸맞게, 현재 기업들이 보여주는 다양한 가능성 또한 스마트 디바이스를 갖춘 자동차 내부

환경에 기반하고 있다.

4 불붙기 시작하는 커넥티드 자동차 시장

최근 산업 전반에서 영역을 가리지 않고 IT, 즉 사물인터넷, 공유 경제 그리고 좀 더 나아가 이들을 전부 아우르는 초연결시대라는 개념에 주목하고 있다. 공유 경제는 운송 네트워크 업체 우버^{Uber}와 세계 최대의 숙박 공유 사이트 에어비앤비^{AirBnB} 등 새롭게 진입한 기업을 선두로 전 세계에 걸쳐 그 의미를 확대하고 있다. 이 밖에도 오랜 시간에 걸쳐 개발되어온 드론^{Drone, 소형 항공 헬리콥터 형태로 카메라가 장착되어 촬영용으로 쓰임}, 무인자동차, 로봇 등이 상용화를 앞두고 있다.

또한, 커넥티드카 시장에 대한 긍정적인 전망이 쏟아지고 있는 상황이다. 글로벌 조사 기관인 리서치앤마켓에 따르면 2020년의 시장 규모는 약 1536억 달러에 이를 것이라 예상했다.

게다가 시스코^{Cisco} 시스템즈, 인텔^{Intel}, 퀄컴^{Qualcomm} 등 글로벌 정보통신 기업들이 사물인터넷 사업의 주도권을 잡기 위해 투자하는 이유도 앞으로 사물인터넷 분야의 매출과 이익이 늘어날 것이라는 장밋빛 전망을 품고 있기 때문일 것이다. 구글, 애플, 삼성 등 굴지의 글로벌 업체들도 사물인터넷 기술과 서비스 기술 확보로 세계 시장에 빠르게 진출해 시장을 선점했다.

미국의 IT분야 시장조사 및 컨설팅 서비스를 제공하는 가트너^{www.}gartner.com사는 2020년 즈음이면 커넥티드카가 2억 5천만 대에 달할 것이라 전망했다. 향후 5년 동안 트럭과 일반 자동차를 포함한 대부분의 자동차들이 와이파이^{WiFi}를 통해 인터넷 네트워크 환경에 연결되고, 60~70%가 웹 기반 데이터를 소비하고 생성하며 공유할 것으로 내다 봤다.

가트너의 애널리스트 코슬로브스키^{Kozlovsky}는 커넥티드카 기술이 궁극적으로 현재의 스마트폰이나 태블릿보다 '더 혁신적이고 흥미로울 것'이라고 말했다. 가트너의 리서치 이사인 제임스 하인즈^{James F. Hines} 또한 운전자가 차 안에서 디지털 콘텐츠를 점점 더 많이 소비할수록 더 정교한 인포테인먼트 시스템이 요구되며, 이에 따라 애플리케이션 프로세서, 그래픽 가속기, 디스플레이, 사람과 기계 간 인터페이스 기술 등에 대하여 새로운 기회가 함께 늘어날 것으로 예상된다고 말했다. 동시에 모빌리티에 대한 새로운 개념이 등장하면서 새로운 비즈니스 모델이 만들어지고 자동차 소유에 대한 방식들이 다양해질 것이라고 언급했다.

자동차와 사물이 하나로 뭉치고 있는 이유는 간단하다. 철저히 사람 중심의 디바이스를 설계하는 데서 나오는 결과이기 때문이다. 일반적으로 '기계'라는 구성을 다루기 위해서는 사용자가 일정 시간 동안 능숙함과 익숙함을 위해 투자해야 하는 시간이 길다.

하지만 기술이 진보하고 시간이 흐르면서 '기계'가 가지고 있는 '기능'의 목적에서 한 단계 더 나아가, 간단한 정보 세팅으로 사람의 물리적 조작에서 오는 피로도와 부정확성으로부터 오는 불편함을 해결하는 데 초점을 맞추기 시작했다. 자동차 헤드 센서 그리고 텔레매틱스 시스템에서 취합된 정보를 취합한 스마트 자동차는 덕분에 내부 시스템 상태와 위치 데이터뿐 아니라 실시간으로 주변 변화까지도 포착해 공유할 수 있는 살아있는 유기체의 개념으로 재탄생할 것이다.

이것은 미래의 자동차는 와이파이로 연결되고 모바일 데이터를 사용하는 데서 더 나아가 사람이 탑승까지 할 수 있는 거대한 스마트

포드 인포테인먼트 시스템, 마이포드 터치(MyFord Touch)

기기로 나아간다는 의미이다. 이에 자동차 업계는 차량 내 휴먼 머신 인터페이스HMI와 클라우드 지원 사용자 경험의 중요성을 크게 보아 제스처, 무드 감지, 소비자 행동 분석, 자동차와 소비자 중심 서비스 같은 콘텐츠 혁신에 연구 역량을 집중시키겠다는 의지를 나타냈다.

단적인 예로 핸들과 각종 손잡이에 묻은 지문들을 기초로 운전석에 앉은 사람이 주인인지 다른 사람인지를 식별하는 기능부터, 졸고 있는지 술을 마시고 운전을 하는지, 심박 수와 안구 건강 체크 등 운전자의 신체 상황을 면밀히 분석해 운전 중 끔찍한 사고가 발생하지 않도록 스스로가 자정 작용을 할 수 있는 카메라와 센싱 기술의 도입을 눈앞에 두고 있다.

스마트카는 정보통신 기술의 발전에 따른 사물인터넷의 영향력을 확대시킨 고차원적인 기술 제품이다. 따라서 상업적 활성화가 코앞에 닥쳤다는 사실은 이제 누구나 인정할 만하다. 현재 공유 경제의 고유 플랫폼을 활용한 비즈니스 모델이 비교적 단순하고, 진입 장벽이 낮기 때문에 전 세계 로컬 마켓을 중심으로 유사한 비즈니스 모델을 가진 기업들이 증가하고 있다.

스마트카의 경우 전통적인 자동차 제품의 제작과 유통 및 서비스 제공과 맞물려 스마트 인터페이스 교체 등 여러 요소들이 전방위적인 결합을 시도한 제품이다. 따라서 월드 클래스급의 공룡 기업들이 시장의 중심에 서 있는 형국이다. 때문에 이들의 주도에 따라 시

안드로이드 오토

장의 전개 양상이나 필요로 하는 새로운 기술에 대한 요구가 요동칠 확률이 매우 높다. 스마트카가 미래의 어떠한 제품의 또 다른 과도기로 대변되는 선에서 머물지, 아니면 스마트폰처럼 하나의 문화 영향력까지 갖춘 제품으로 자리 잡을지는 이제부터 시작이다.

국토교통부는 AEBS^{Automatic Emergency Braking System} LKAS^{Lane Keeping Assistance System} 등 관련 첨단 기술 등을 내놓고 있다. AEBS는 자동차에 설치된 레이더 및 센서를 활용해 전방의 물체를 감지할 수 있는 기술로, 수차례 경고에도 운전자가 반응이 없으면 스스로 자동차를 멈출 수 있다. LKAS는 주행하는 차로를 벗어나려고 할 때 자동차가 스스로 차로를 유지하도록 지원하는 장치다.

V2V 통신이 무인 자동차 산업에도 영향을 줄 것으로 기대된다. 현재 개발되고 있는 무인 자동차들의 경우는 여러 대의 카메라를 활용해 주변 자동차들의 도로환경을 파악하고 움직임을 체크해 반응하는 주행 방식이다. 때문에 이러한 기능을 수행하기 위해서는 엄청난 퀄리티의 기기들이 필요하다. 하지만 기존의 방식과 달리 V2V 통신이 모든 자동차에 도입되면, 모든 자동차들은 서로의 위치 정보

를 정보 교환을 통해서 파악하기 때문에 카메라가 없이도 충돌을 피하며 안전하게 주행할 수 있는 바탕이 된다.

자동차 1대에 V2V 통신장비를 설치하는 비용은 100~200달러 정도로 수억대를 호가하는 무인 자동차들에 비하면 훨씬 저렴하고 현실적인 대안으로 활용될 수 있다. 이외에도 시속 200킬로미터로 빠르게 주행하더라도 통신 자체에 이상이 없기 때문에 고속도로(하이패스)에도 진입 적응이 가능하고, 차량 간 통신뿐 아니라 도로시설과도 실시간으로 정보를 주고받는 V2I^{Vehicle to Infrastructure} 통신이 도입되면 도로의 교통 환경 정보를 교환하여 사고나 장해물 등을 미리 피하고 교통정체도 감소시키는 획기적인 발전이 있을 것으로 보인다.

다만 아직 우리 삶에 녹아들기에는 훨씬 오랜 시간이 필요할 듯하다. 해당 기술에 대해 가장 진보적 성과를 거두고 있다고 평가되는 GM은 2017년 캐딜락 모델에 차량 간 통신 기술을 도입하기로 밝혔다. 하지만 초기 캐딜락 모델이 정보를 주고받을 자동차는 도로 주변을 살펴보더라도 크게 많지 않을 것이다. 통신 차량이 보편화되기까지는 수십 년이 더 걸릴지도 모른다.

5 스마트 커넥티드 경쟁

간호사로 일하는 루이스 챈들러(31)씨는 지난 2013년 7월 자신의 르노 클리오를 운전하다 도로 경계석을 들이받는 사고로 차 뒤축이 부서져 핸들이 튕겨나갔으며, 에어백이 튀어나왔다. 그런데 사고 직후 그녀는 보험회사로부터 전화를 받게 되었다. 그녀는 "몹시 이상했다"면서 "얼굴을 부딪친 상태에서 정신이 하나도 없었고, 보험회사가 사고 상황을 어떻게 알았는지 알 수가 없었다"라고 회고했다.

정신을 가늠하기 어려운 상당한 규모의 교통사고를 낸 직후, 먼저 연락을 하기도 전에 보험회사에서 사고 차량 운전자에게 사고에 대해 묻는 전화가 왔다는 이야기다. 독자 여러분들은 어떻게 생각하는가? 자신이 먼저 전화를 걸기도 전에 보험회사에서 사고를 당했다는 사실을 알고, 그 사고 내역이 어느 정도의 수준인지도 파악하고 있다는 점을 말이다. 이 이야기는 과장이 아니다. 2015년 4월 3일자 파이낸셜 타임스FT의 '커넥티드카: 새로운 가능성Connected cars: Tyred and wired'이라는 기사에 담긴 에피소드의 일부다.

어떻게 이런 상황이 가능한 것일까? 그 해답은 대시보드 하단에 위치한 소형 블랙박스에 있었다. 심SIM카드를 내장한 블랙박스는 챈들러 씨의 사고 위치와 사고 지점을 보험회사에 알리는 기능을 가지고 있었다. 뿐만 아니라 자동으로 구급시설에 연락까지 해놓았다!

자동차 하나가 사람 목숨을 구했다고 봐도 무방하지 않을까?

컨설팅업체 〈EY〉는 "오는 2025년까지 1억 400만 대의 자동차가 어떤 형태로든 연결성connectivity을 갖게 될 것"으로 내다봤다. 2014년에 전 세계에 팔린 승용차가 8700만 대라 할 때 이는 거의 1.2배에 가까운 수치이다. 이미 스마트카에서 소프트웨어 개발이 차지하는 비중은 개발 비용의 1/4를 넘어서고 있다. 텔레매틱스 하드웨어, 모바일 자동차 데이터 플랜 및 자동차-인프라 통신 서비스의 시장 규모는 2020년이면 230억 달러에 달할 것이고 네비게이션과 음악 스트리밍 등 커넥티드카 내부에 장착될 미디어/부품 시장 역시 비슷한 규모가 될 것으로 《파이낸셜 타임스》는 추정했다. 변화는 곧 새로운 기회의 창조이기도 하지만, 그 이면에는 변화에 살아남기 위해 치열하게 고민하는 기업들의 노력의 흔적이 있다. 냉정하게 이야기해 이제 소프트웨어가 받쳐주지 않으면 잘난 몸체를 가졌더라도 가치가 낮아지는 시대다. 삼성 갤럭시가 세계적으로 큰 히트를 거두긴 했지만, 독자적인 OS체계가 없는 상태에서 구글 안드로이드의 지원을 받는 한계로 인해 애플 아이폰에 비해 고정 소비층의 충성도도 낮다. 게다가 제품 자체가 가지고 있는 진입 장벽이 낮다보니 후발업체들의 카피copy에 대비하기 어려운 약점이 있다. 결국 시장을 공략하기 위해서 물량 공세와 제품 가격으로 승부할 수밖에 없는 상황을 우리는 알고 있다.

커넥티드카 시장도 마찬가지다. 구글과 애플이 독자적인 솔루션을 제시하면서 커넥티드카의 핵심 위치를 차지하려는 움직임을 보일수록, 전통적인 자동차 제조 업계의 고민도 깊어질 것이다. 운영체계의 플랫폼을 지배하지 못하면 결국 곁다리 제조사에 불과할 뿐이라는 것을 모든 기업들이 알고 있기 때문이다. PC 시장에서 1980년대 지배자 격이던 IBM의 종말을 부른 건 소프트웨어 업체 마이크로소프트였다. 1990년대 후반이 되면서 마이크로소프트는 시장 규모가 720억 달러까지 올랐지만 공룡 IBM은 600억 달러에 머무르게 되었다.

6 HVI시스템

스마트카의 또 한 가지 새로운 기능은 바로 자동차의 정보와 데이터를 통해 전자 통신 기기와 운전자가 상호 작용을 할 수 있도록 해준다는 것이다. 이러한 기술들의 총체적인 모습을 HIV시스템Human-Vehicle Interface System이라고 한다. 이 시스템은 최적화 모듈이 정보를 제공하는 효과적인 양식을 제공한다.

캐나다 뉴펀들랜드에서 큰 교통사고가 있었다. 차는 140km/h로 주행 중이었고, 운전자가 라디오를 켜기 위해 몸을 기울이는 순간 커브 길에서 전복 사고를 당한 것이다. 이 사례는 자동차 내부의 모든 기기, HMIHuman-Machine

Interface가 단순히 편의와 관계된 것이 아니라 안전과 깊이 관계된 장치라는 점을 말해 준다.

– 대구경북과학기술원DGIST

미래산업융합기술연구부의 손준우 박사

과거의 자동차와 다르게, 현재의 자동차는 '운송 수단'으로서의 기능에서 벗어나고 있다. 좀 더 다양한 기능들과 편의를 제공할 수 있는 스마트카로의 진화가 예상된다. 그렇기 때문에 결국 자동차에서 안전성과 편의성을 증대시키는 HVI 설계가 갈수록 중요해지고 있다.

HVI는 운전자가 보다 효율적인 방법으로 자동차와 소통interaction할 수 있도록 지원하는 시스템이다. 소통과 효율의 의미는 '안전'과 연결된다. 위와 같은 사고는 운전자 부주의에서 비롯된 것으로, 이는 HVI를 연구하는 사람들이 해결해야 할 가장 큰 부문 중 하나다.

최근 자동차 사고의 원인을 분석해 보면 전방주시 태만, 판단오류, 발견 지연 등의 운전자 부주의로 인한 사고가 절대적인 비율을 차지하고 있다. 미국은 고속도로 사고 원인의 50%가 운전 부주의였고, 일본은 무려 89%나 된다고 한다. 우리나라도 마찬가지여서 도로교통안전 관리공단이 조사한 자료에 따르면 67.6%가 운전 부주의로 인한 사고였다. 특히 모바일폰 사용과 내비게이션, 오디오, 공조장치 등 대시보드 제어 과정에서 발생하는 전방 주시 태만이 62.7%에 해당했다. 반면 자동차와 관련된 발생 사고는 20~30%에 불과했다.

자동차에는 핸즈프리, 내비게이션 시스템, 각종 AV 플레이어 등 다양한 차량 정보, 엔터테인먼트, 운전자 보조 시스템의 장착이 갈수록 늘고 있다. 이에 따라 부적절하게 설계된 HVI로 인해 운전자의 안전이 심각하게 위협받고 있다.

인구 연령의 변화(고령 사회) 또한 HVI가 대응해야 할 큰 이슈 중 하나이다. 고령 운전자들은 인지 능력, 반응 속도가 떨어지기 때문에 더욱 위험에 노출돼 있다. 선진국의 고령 인구는 갈수록 증가하고 있다. 2025년이 되면 고령자가 전체 운전자의 25%가 될 것이고, 이 중 85세 이상의 고령자가 급격히 증가할 전망이다. 고령화가 급속도로 진행됨에 따라 고령 운전자의 운전면허증 취득 및 운전 비율 역시 증가할 전망이다. 한국도로교통안전 관리공단에 따르면 우리나라는 운전면허를 가지고 있는 만 65세 이상을 기준으로 살펴보면, 지난 2001년, 36만여 명이었던 고령 운전자가 10년 만인 2011년에는 145만여 명으로 세 배 정도 늘었다. 그리고 2013년에는 186만 9천여 명으로, 해마다 수십만 명씩 늘어 2015년에는 65세 이상 운전면허 보유자 수가 전체 운전자수의 약 7%정도를 차지하고 있다.

일본의 경우는 65세 이상 인구가 50년대에 4.9%, 2000년대에 20.8%였으나 2050년이 되면 39.6%로 증대될 전망이다. 이에 따라 자동차 메이커들이 타깃으로 하는 소비층 또한 20대에서 50대 사이

HVI시스템과 사고 위험 회피

자정을 넘긴 늦은 새벽, 자동차를 끌고 밤중의 한산한 도로를 달려 귀가를 하고 있는 A씨. 평소에는 안전하게 주행을 하는 A씨이지만, 도로에 차가 없었기 때문에 그날 따라 약간 더 속도를 내어 달리고 있었다.

평소라면 교차로에서 신호를 기다리며 서 있었겠지만, 아무리 둘러봐도 차가 안 보인다는 생각에 무심코 엑셀을 밟았다. 그 순간 차량의 스크린에서 "우측 교차로 후방 30m 지점에서 차량이 진입하고 있습니다. 정지하세요."라는 경보가 울렸고, A씨는 즉시 브레이크를 밟았다.

그런데, 정말로 A씨는 보지 못했던 택시 한 대가 총알같이 튀어나오는 것이었다. A씨의 시야에 들어오지 않는 건물 뒤쪽의 차량을 HVI시스템은 인지하고 있었고, 운전자가 멈추어야 하는 상황임에도 엑셀을 밟자 경보를 울려 두 명의 목숨을 살릴 수 있었다.

에서 60대 이상으로 확대되고 있다.

자동차에는 갈수록 많은 기술이 탑재되며 복잡화되고, 운전자들은 새로운 기술을 조작해보고 어떻게 작동되는지 보고 싶어 하는 욕구도 커질 것이다. 이 같은 상황에 고령 운전자 비율이 늘면서 운전 부주의로 인한 사고는 더욱 늘게 될 것이다.

자동차란 특수성

자동차에서 HMI는 그 특수 환경으로 인해 HVI라고 부른다. HVI는 구체적으로 스위치, 음성 등의 인풋input과 로직interface logic 그리고 아웃풋output 장치로 구성되며, HVI 설계는 자동차에 인풋을 주면 내부 로직을 통해 원하는 형태로 아웃풋돼 운전자에게 피드백 되는 과정을 보다 효율적이고 쉽고 안전하게 만들어 간다는 것을 말한다. HMI가 자동차에 적용되면 어떤 차이점이 있고 어떤 점을 고려해야 할까? 가장 큰 차이는 자동차에서는 운전이 가장 중요한 일이라는 것이다. 이에 따라 자동차에서 오디오, 에어컨, 내비게이션, 핸즈프리 등의 대부분 기기 조작을 운전중에 부가적으로 수행해야 한다는 것을 감안하여 HMI가 설계되어야 한다. 즉 운전자의 시각적인 주의 집중, 글랜스 타임glance time이 제한적이라는 점이 강조된다. 인지적cognitive 측면에서의 차이도 있다. 인지 리소스resource 중 많은 부분을 운전에 소모하고, 나머지 부문을 다른 장치 조작에 사용한다. 게다가 이 인지 능력은 젊은 사람과 나이든 사람 간 큰 차이가 나타난다.

이노베이션 패러독스innovation paradox란 특수성도 있다. 모바일 폰의 경우 터치패드, 인터넷 기능 등 새로운 첨단 기능이 부가되면 20~30대의 젊은층이 얼리 어댑터가 되고, 메이커들도 이들 젊은층을 고려하여 HMI를 설계한다. 그러나 자동차는 40대 이상이 신기술이 적용된 자동차의 HMI를 처음 접하는 고객이 된다. 예를 들어 제네시스의 DIS통합정보시스템 컨트롤러의 경우 옵션 비용이 수백만 원이다. 이처럼 HVI는 적용 비용이 매우 높고, 이에 따라 장착되는 차도 고급차 위주다. 결국 고가의 자동차를 구입하는 세대는 비교적 연령층이 높은 사람들이고 이들은 기술 적응 속도가 느리다. 첨단 인터페이스가 장착된 차의 주인들은 기능을 사용하기보다 단지 내 차에 이런 기능이 있다는 것으로만 뿌듯해 하는 경향이 있다.

7 치열한 경쟁의 서막이 열리다

스마트 커넥티드카 시장이 워낙에 장밋빛 평가를 받는 신시장이기 때문에, 이름 있는 다양한 업체들이 세계 시장 개척과 점유를 위한 적극적인 모습을 보여주고 있다. 스마트 커넥티드라는 개념이 나온 지는 꽤 되었지만, 눈앞에 보이는 실용화 단계에 대한 연구는 이제 막 걸음마를 뗀 수준이기에 대중들에게 알려지고 평가받기 시작하는 포인트는 지금부터(2015년)라고 봐도 무방할 것이다.

2015년 5월경 독일의 아우디가 선보인 커넥티드카는 자동 운전 기술이 특징으로, 운전자가 주행 중에 인터넷 서치 기능을 사용할 수 있다. 이것은 자사의 스포츠라인 'R8'의 전기자동차 버전인 R8 e-tron이다. '커넥티드카'를 신무기로 활용해 중국 시장을 공략하려는 모양새를 확실히 취하고 있다. 2014년 중국에서의 판매 대수는 전년 대비 18% 증가한 60만 대를 조금 못 미치는 수준이었다. 2015년 1~4월 중국에서 아우디 자동차 수요 증가율은 5.2%로 감소했지만 여전히 고급차 부문 전체의 성장률을 다소 웃돌고 있다.

실제로 자동차와 도시 인프라 간 통신이 가능해지면 기존의 스마트폰과 최근의 핫이슈였던 웨어러블에 이어 자동차가 차세대 디

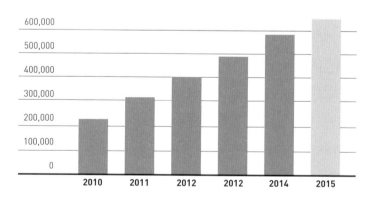

중국에서의 아우디 판매 실적, 월스트리트저널

아우디 R8 e-tron

바이스로 떠오르게 될 것은 누구든지 예상할 수 있다. 2020년에는 90%의 자동차가 인터넷과 연결될 것으로 보이는데 도로 위를 지나다니는 수많은 자동차들이 사물인터넷의 대중화를 이끄는 핵심 요인이 될 것으로 보인다.

 이러한 흐름에 발맞춰, 아우디의 루퍼트 슈타들러 최고경영자CEO 또한 인터뷰에서, "커넥티드카는 중국뿐 아니라 어디서나 필수적이며 근 10년 동안 가장 중요한 트렌드로서, 아우디는 선도적인 위치에 있을 것이다. 2015년부터 커넥티드카 전략을 중국을 중점으로 전개하였고, 그것이 점유율 확대를 위한 원동력이 될 것으로 확신한다."는 뜻을 밝혔다. 커넥티드카에 대한 전체적인 지원 체계 확립과 중국을 매력적인 시장으로 생각하고 있음을 공개적으로 확인해준

셈이다.

실제로도 중국 현지 업체들과 협업을 통해 로컬화 전략을 빠르게 추구하는 모습도 보여주고 있다. 2014년 아우디측은 공식 파트너십을 맺은 정보 통신 기술^{ICT} 솔루션을 제공하는 중국 기업 화웨이와 연계해 미래 자동차의 운전 경험을 향상시키기 위해 인터넷 기반의 주요 기능을 제공하는 데 초점을 맞추고 있다. 화웨이의 롱텀 에볼루션^{LTE} 모듈을 통해 아우디 Q7 SUV에서 2G, 3G, 4G 네트워크, TDD-LTE 및 FDD-LTE 표준을 지원하며 100Mbps의 다운로드 속도 및 초고속 데이터 전송 구현을 가능토록 하는 게 바로 그것이다. 중국 최대 인터넷 검색사이트 바이두와도 손을 잡았다. 중국 최대의 검색엔진 사이트가 제공하는 스마트폰 서비스와 연계해 자동차 네비게이션 등을 시행하는 서비스 '카 라이프'[16]를 중국에서 판매하는 자동차에 탑재할 계획인 것이다. 위의 기능들은 곧 운전 보조 시스템을 포함한 자율주행 기술에 포함되어 중국 커넥티드카 시장을 잡기 위한 움직임으로 해석되고 있다.

---

16 차량용 인포테인먼트 플랫폼 카 라이프Car Life는 지도, 전화, 음악 등 3대 기능을 갖고 있으며 애플의 iOS와 구글 안드로이드 버전이 함께 있다.

8 중국, 커넥티드카 세일즈의 승부처

중국 시장 공략을 위해서 중국 현지 업체와 손을 잡는 전략은 비단 아우디만의 독창적인 아이디어는 아니다. 정보통신 기술을 융합한 '커넥티드카' 시장 선점을 위해 플랫폼 적용부터 기술 공동개발까지 시너지 극대화를 위해 전자와 자동차 업계의 파트너십은 여러모로 새로운 사업 성장 동력으로도 충분히 받아들여지고 있다.

아우디와 함께 세계적인 독일 자동차 업계로 인정받고 있는 다임러 역시 바이두와 손잡고 메르세데스 벤츠 자동차에 웹서비스를 제공하겠다는 프로젝트를 밝혔다. 자동차에 스마트폰과의 호환성은 물론 정보 및 엔터테인먼트 서비스를 확장하는 방안을 모색하던 다임러는 벤츠 자동차에 바이두 소프트웨어를 설치해 스마트폰으로 콘텐츠에 접근할 수 있도록 할 방침이다. 언제 바이두의 스마트앱이 포함된 자동차가 생산 단계에 접어들지 아직 구체적인 언급은 나오지 않았으나, 경쟁업체의 중국 진출이 활발해지는 것으로 보았을 때 시장 선점을 위해 조만간 대략적인 계획을 접할 수 있을 것으로 추측된다.

독일 자동차 기업 BMW 역시 바이두와 손잡고 베이징과 상하이에서 무인자동차^{자율주행}기술을 실험한다. 세계 최대 전자쇼인 '2014 CES^{Consumer Electronics Show}'에서 이 무인자동차 기술을 시연한 이래 독일과 다른 유럽 지역에서 주행 테스트를 해왔다. 그리고 실험에 사

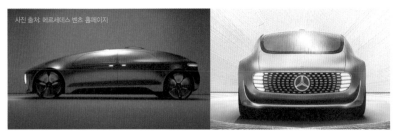

다임러-메르세데스 벤츠 F 015 자율주행 자동 기능 모델

용된 'BMW2 시리즈 쿠페'는 유럽의 터널과 톨게이트를 무난히 통과했지만, 유럽에 비해 도로 사정이 복잡하고 다층 입체 고속도로가 많은 중국에서도 효과적으로 통할지에 대해서는 시험을 해볼 의도인 듯 하다. 중국에서 우선 2년간 실험할 예정이며 바이두가 이 실험 과정에서 어떤 역할을 할지에 대해서는 아직 알려진 바는 없으나 BMW 측에서는 바이두가 '맵 클라우드 서비스'를 제공할 것이라고 언급했다.

알리바바Alibaba 또한 상하이 GM과 차량용 빅데이터, 금융, O2OOnline to Offline, 애프터 서비스, 인터넷카 개발 등에서 협력 체계를 형성하고 있다. 2015년 3월에는 상하이자동차와 5억 위안씩 총 10억 위안(약 1750억 원)을 공동 출자해 '인터넷 자동차 기금'을 설립했다. 현재 알리바바는 캐딜락, BMW와 랜드로버, 폭스바겐, 토요타, 혼다, 닛산 등 해외 유수 50여 개 업체와 협력 관계를 유지하면서 자동차 스마트화 기술 개발에 참여하고 있다.

왜 중국 IT 기업들이 글로벌 완성형 자동차 업체들과 손을 잡는 걸까? 한마디로 중국 시장 안팎의 상황에 부응한 결과다. 우선 양측 모두 스마트 자동차 시스템을 원하는 중국 고객의 요구에 대응하는 부분도 있다. 강화된 친환경 규제 등으로 스마트카 시스템에 대한 요구가 커지는 중국 소비자들의 마음을 읽고, 세계 경제가 움츠러드는 시기에도 성장률 7%를 유지했던 중국의 내수 시장에 대한 적극적인 공략이기도 하다. 또한 중국 정부의 전략에 빠르게 대응한 움직임이기도 하다. 중국 정부는 2015년 3월 인터넷과 유통업을 접목해 2016년 말까지 전자 상거래 거래 규모를 22조 위안(약 3850조 원)까지 늘린다는 '인터넷+' 전략을 발표하고 정보기술, 에너지절감 및 신에너지차 등 10대 분야를 중점 육성하겠다는 뜻을 밝혔다. 다양한 산업분야에서 인터넷을 접목시켜서 새로운 성장 동력으로 활용하겠다는 계산인 것이다. 자동차 업체들의 입장에서야 스마트 커넥티드카 문제를 논외로 하더라도, 중국 정부가 언제든지 자국 산업을 보호하는 쪽으로 현재 유통 시장 개입을 할 가능성이 있기 때문에 중국 정부와의 관계 개선에도 최대한 온건한 쪽으로 몰아가도록 움직이는 편이 훨씬 이득이라 판단할 것이다. 중국 정부가 원하는 방향에 맞물려 자신들의 구미에 맞는 기업들과 접촉해 최대한의 효율적인 협력체계를 유지하는 전략을 선택한 것이다.

9 커넥티드카의 한계

세상의 모든 일에는 장점만 있거나, 단점만 있는 경우는 없다. 빛이 있으면 어둠이 있고, 얻는 게 있으면 잃는 게 있듯이, 커넥티드카에도 가능성뿐만 아니라 그 단점들도 역시 존재한다. 가장 먼저 커넥티드카를 떠올리며 상상할 수 있는 문제점은, 연결성이 가지고 오는 단점이다. 개인은 각자의 삶이 있다. 그러나 이러한 연결성을 위해서는 연결된 객체 간의 세세한 정보를 계속해서 주고받거나, 어떤 경우에는 위치 정보가 실시간으로 기록되어야 한다. 그런 정보가 좋지 않은 목적과 의도로 사용된다면, 그 위험성은 클지도 모른다. 이러한 한계점과 문제점들을 인식하고 이미 여러 국가의 정부는 차량 보안 및 전장 부품의 안전성을 강제하는 법과 제도를 만들고 있다. 대표적으로 미국의 도로교통안전국은 자동차와 스마트폰과의 연동, 그리고 외부 네트워크와의 연결에서 가져올 수 있는 문제점들을 인지하고, 이에 대한 대책을 마련하기 위해서 고민하고, 해결책을 찾으려 노력하고 있다.

10 1인용 자동차와 카쉐어링 문화의 확산

1인 가구 증가로 가족 중심의 소비에 변화가 발생한 지 오래다. 경제 침체 가운데에서도 소형 가전, 소포장 식품 등이 상품 소비를 주도하는 것은 물론, 건설사들이 소형 평수 위주로 시공하는 등 주택 시장마저 '솔로 이코노미'의 대열에 합류하였다. 자동차 업계에서도 이러한 트렌드에 맞춰 1인용 자동차의 보급에 박차를 가하고 있다. 또한 1인용 자동차는 도심 속에서의 정체나 주차 공간에 의한 교통 문제를 비롯해 저탄소 주거환경 조성에 관한 제반 과제 등에 대한 해결책으로 제시되기도 한다.

토요타는 2013년 3월 스위스 제네바에서 열린 '2013 제네바 모터쇼'에서 초소형 1인승 전기자동차 '아이로드'를 공개하였다. 길이 2.35미터, 넓이 0.85미터, 높이 1.445미터의 이 제품은 차의 중량이 300킬로그램밖에 되지 않아 2킬로와트의 전기모터 2개와 리튬이온 배터리만으로도 45킬로미터의 속력을 낼 수 있다. 주행 중의 배출가스는 제로로, 단 1회의 충전만으로도 50킬로미터까지 주행이 가능하며, 전용 급속 충전기가 아닌 가정용 플러그로도 3시간이면 충전이 가능해 실생활에서 편리하게 사용할 수 있다.

토요타는 1인용 차체의 구조상 넘어지기 쉽다는 단점을 해결하기 위해 '액티브 린Active Lean' 시스템을 도입하였다. 이는 핸들의 움직임에 따라 좌우 바퀴의 높낮이가 달라지면서 차체의 기울기를 자동으로 제어해주며, 뒷바퀴가 주행 방향과 반대로 움직여 코너를 빠르고 날카롭게 빠져나갈 수 있게 하는 시스템이다.

토요타는 2013년 3월부터 일본 아이치현 토요타시의 공공도로에

토요타의 1인용자동차 '아이로드'

서 아이로드 시범주행을 시작한 것을 비롯해, 2014년 10월 프랑스 그르노블에서 실시하는 전기자동차 쉐어링 프로그램인 '하모Ha:mo 프로젝트'에도 아이로드를 투입하는 등 아이로드의 활동 반경을 넓히고 있다.

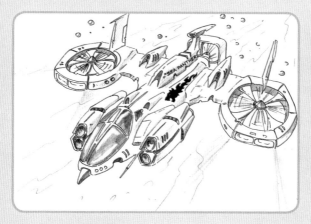

4
태양광
자동차

태양광 자동차는 아직 상용화되기까지 많은 개선이 필요하다. 왜 냐하면, 현재 소개하는 태양광 자동차들은 아직 시험 제작 모델이기 때문이다. 여러 사람들이 많은 시간을 공들여 제작한 것이기 때문에, 이를 공장에서 찍어낼 수 있을 정도의 자동화된 생산 프로세스는 아직 구축되지 않았다. 이 장에서는 앞에서 자세히 설명하지 않은 태양광 자동차에 대해 설명해보려고 한다.

1 국내외 태양광 자동차 제작 사례
선스위프트의 이브[17]

앞에서 언급했던 선스위프트의 이브는 뉴사우스웨일즈대학교 학

---

17 태슬라 기록 깬 전기자동차 나왔다. 전자신문인터넷, 테크홀릭팀
(http://www.etnews.com/20140818000011)

선스위프트의 이브 팀

생팀이 제작한 5번째 자동차다. 1996년 첫 모델을 시작으로 2011년 선보인 4번째 모델은 평균 속도 88km/h를 내 기네스북에 세계기록으로 이름을 남기기도 했다. 5번째 모델인 선스위프트의 이브는 성인 2명이 탑승할 수 있는 등 일반 승용차에 가까운 모습을 하고 있다. 과거에 선보였던 시리즈는 바퀴가 3개이거나 운전석과 태양광 패널 외에는 아무것도 없던 오로지 실험만을 위한 차였다면 이번에는 상용에 가까운 모습인 것이다.

물론 차체를 가볍게 만들기 위해 간소하게 꾸몄다. 이런 노력 덕에 차의 무게는 320킬로그램에 불과하다. 테슬라 모터스의 모델S가 이용하는 배터리 무게보다도 가벼운 셈이다. 물론 모델S는 성인 5명과 어린이 2명까지 태울 수 있는 데다 가죽 시트와 에어컨까지 갖추어진 만큼 무게가 이 자동차보다 무거운 건 당연하다.

선스위프트 이브는 내부에 무게가 60킬로그램인 파나소닉 배터리를 사용해 한 번 충전한 상태에서 500킬로미터를 주행할 수 있으며, 자동차에 부착된 태양 전지를 통해 800킬로미터까지 운행할 수 있다. 가정용 전원 콘센트로 8시간에 충전을 끝낼 수 있으며, 산업용 전원에 연결하면 충전 시간은 5시간으로 줄어든다. 또 해가 잘 드는 곳에 8시간 주차하면 800와트 태양광 패널로 2시간 동안 운전할 수 있는 전기를 충전할 수 있다. 물론 주행 중 발전도 가능하지만 소비하는 에너지보다 느리게 충전되는 만큼 큰 효용성은 없다.

KUST의 백호

KUST(국민대 태양광 자동차팀)는 우리나라에서 유일한 WSC참가팀이다. 따라서 KUST의 출전 차량인 백호는 세계 무대에서 우리나라를 대표하는 태양광 자동차가 된다. 한국의 대표 태양광 자동차인 백호의 바디와 섀시의 제작 과정과 특징을 살펴보자.

KUST(국민대 태양광 자동차팀) - 독도

2013년 WSC에서 KUST는 태양광 자동차 '독도'로 출전했으나 3021킬로미터 완주에 실패했다. 이에 독도의 단점을 보완하고 더 좋은 차로 거듭나고자 백호는 가

이미지 출처 : 국민대학교 홈페이지

KUST(국민대 태양광 자동차팀) - 백호

벼운 차, 안전한 차, 슬림한 차를 만들기 위해 탄소섬유 강화 플라스
틱[18]을 택했다. 탄소섬유 강화 플라스틱은 알루미늄 무게의 1/3, 알
루미늄 강도의 5배다. 이 재질을 쓸 경우 차체를 원하는 형상대로
제작할 수 있다는 장점이 있다. 그러나 우리나라에서는 탄소섬유를
이용하여 모노코크를 제작한 팀이 없었다. KUST는 우리나라 대표
팀인 만큼 선구적인 도전을 했고, 그 결과 KUST는 한국 최초의 카

---

18 혹연 섬유로 만든 기재에 에폭시 수지나 불소 수지 등을 함침한 것을 적층하고, 약간 가압한 것을 가열
고화하여 만든다. 알루미늄보다 가볍고, 쇠보다 강한 것이 얻어진다. 우주 개발(특히 인공위성)을 비롯하여 넓
은 용도에 사용되고 있다.

본 모노코크 태양광 자동차인 '백호'를 만들어 냈다.

카본바디^{carbon body}를 만들기 위해서는 태양광 자동차를 3번 만들어야 했다. 카본바디를 만들기 위해서 몰드★가 필요하고, 몰드를 만들기 위해서는 백호와 똑같은 외형을 가진 마스터모델이 필요하기 때문이다. 이 과정에 사용되는 화학제품만 21종류이며, 그 외에 사용할 품목은 30여 가지가 넘는다. 만드는 과정도 4개월 이상 걸린다.

카본바디 몰드는 목포에서 제작되었다. 언더바디몰드를 만들 때 작업을 중단하면 수지가 굳어버리기 때문에 24시간 동안 쉬지 않고 작업을 진행했다고 한다.

그 다음 백호의 몸을 이루는 카본 적층 작업이 이루어졌다. 카본과 카본 사이에 코어재료인 허니컴4을 넣어 두께와 강성을 확보했다. 방대한 양의 카본 프리프레그를 도면대로 잘 재단하고 적층한 후 진공을 잡아 오토클레이브 성형을 한다. 오토클레이브에서 성형을 하고 나온 카본은 천 같은 질감에서 철보다 단단한 카본으로 변한다.

백호의 외형 설계에도 힘을 쏟았다. 외형 설계를 담당한 신형섭(기계 10)군은 100번이 넘는 유체역학 시뮬레이션, 32번의 설계를 거치는 등 공기역학적으로 최적의 외형을 만들기 위해 노력했다고 말했다. 차의 바퀴가 회전하면서 차의 내부로 유입되는 공기를 전면 차단하기 위하여 휠캡을 씌워 주어 공기저항을 줄이고, 페어링으로

차의 전면부에서 바람을 가르고 바퀴에 의해 들어오는 바람을 차단하였다.

백호와 소나타의 공기저항을 비교해 보면, 시속 70킬로미터로 달릴 때 백호는 소나타에 비해 공기저항을 1/7배나 덜 받는다. 일반적인 자동차의 경우 공기저항이 10%가 감소하면 연비 2%를 높일 수 있다는 점에서 백호는 그만큼 공기역학적인 효율성을 극대화한 차다.

공기저항을 최소화하기 위해 바람을 막는 것도 중요하지만 필요한 곳에 바람을 이용하는 것도 중요하다. 호주에서 주행 시 드라이버 공간의 온도가 약 50도에 가깝기 때문에 운전자를 위한 환기 시스템 설계도 필요하다. 운전자석의 앞에서 바람이 들어와 뒤로 나가게 함으로써 운전자가 쾌적하게 주행할 수 있도록 했다.

자동차 제작 과정이 끝나고 사천에서 주행테스트를 거쳐 자동차의 성능을 평가했다. 이 테스트로 공기저항계수가 0.122보다 더 낮은 0.1이 나왔을 때 팀원들 모두가 감격했다고 한다. 사천 주행테스트를 통해 백호가 2013년 독도에 비해 자동차의 성능이 120% 증가했음을 알 수 있었다.

아인트호벤 공대의 스텔라 룩스

아인트호벤 공대의 학생들은 이브가 2014년에 우승한 브릿지 스톤 세계 솔라 챌린지에 출전하기 위해 스텔라 룩스Stella Lux라는 4인승

이미지 출처 : http://www.solarteameindhoven.nl/stella-lux/

아인트호벤 공대의 스텔라 룩스

태양광 자동차를 개발했다. '스텔라 룩스'는 탄소섬유[19]와 알루미늄
으로 제작돼 차체 무게가 375킬로그램에 불과하며 공기역학적인 효
율성을 높이기 위해 차체 하단을 터널 모양으로 만들었다. 차체 상
단에는 5.8제곱미터의 태양광 패널이 설치되어 있으며 15킬로와트
급의 배터리를 갖추고 있다. 배터리를 완전 충전하면 1100킬로미터
의 거리를 주행할 수 있다. 시간당 125킬로미터의 속도를 낼 수 있
다. 운전 중 에너지 소모량보다 에너지 생산량이 더 많은 것에 주목
할 필요가 있다.

---

19   유기섬유를 비활성 기체 속에서 가열, 탄화하여 만든 섬유이다.

에인트호벤 공대의 톰 셀튼은 "앞으로 스텔라 룩스를 일반 소비자용 자동차로 내놓을 것"이라며 "미래에는 모든 사람들이 에너지를 소비하는 자동차가 아니라 에너지를 생산하는 자동차를 운전하게 될 것"이라고 말했다.

2 태양광 자동차란?

여러 채널을 통해 사람들에게 널리 알려진 사실이지만, 기름 한 방울 나지 않는 대한민국에서 원유의 가격이 매우 큰 영향을 미치는 분야는 자동차 산업이다. 그래서인지 많은 운전자들은 자주 가는 장소에서 10원이라도 저렴한 주유소를 찾는 것은 물론이고, 연비를 높이기 위해 기발하고 창의적인 갖가지 방법이 소개되기도 한다.

태양광 자동차는 매우 친환경적이다. 또 동력에너지를 위해 필요한 태양 에너지를 거의 무한정 공급받을 수 있다. 자동차 회사도 석유 소비량을 줄이기 위한 연구에 투자를 아끼지 않는다. 보다 가벼운 차체와 엔진을 개발하고 연료전지나 하이브리드, 전기와 같이 대체 에너지를 사용한 자동차를 속속 선보이고 있다. 이들 자동차는 서로 이름은 다르지만 공통점이 있는데 바로 전기를 사용한다는 점이다. 결국 전기를 만드는 방법만 다른 것이다.

수소연료전지차, 하이브리드차, 전기자동차는 모두 연료(전기)를

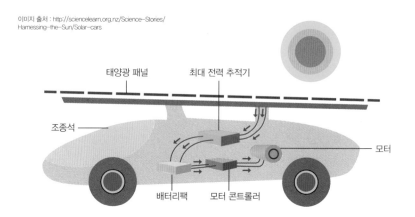

태양광 패널   최대 전력 추적기

조종석

모터

배터리팩   모터 콘트롤러

태양광 패널 자동차의 구조

얻으려면 따로 돈을 지불해야 한다. 그나마 수소연료전지차는 석유보다 저렴한 수소를 사용하지만 그래도 연료를 구입하는 데 돈이 필요하다는 점은 변함이 없다. 하이브리드차는 석유와 전기를 동시에 사용해 연비가 좋다는 점을 빼면 일반 자동차와 크게 다르지 않고 전기자동차도 전기료를 내야 한다. 그렇다면 공짜로 연료를 얻어 달리는 자동차는 없을까?

결론부터 말하면 무한정 연료를 공급받을 수 있는 자동차가 태양광 자동차다. 말 그대로 태양에서 내리쬐는 빛을 전기로 만들어 달리는 자동차를 뜻한다. 여기서 주의할 부분은 태양열과 태양광은 서로 엄연히 다르다는 점이다. 태양열은 태양에서 지구로 날아오는 복사열을 말하며 태양광은 가시광선을 비롯해 적외선, 엑스선, 자외선과 같은 빛을 뜻한다. 즉, 태양열 발전은 뜨거운 열을 이용해 전기를 만드는 것이고 태양광 발전은 태양전지에 모인 빛으로 전기를 만든다. 태양광 자동차의 장점은 분진, 일산화탄소, 아황산가스와 같은 공해 물질이 배출되지 않고 구조가 비교적 간단하다는 점이다. 무엇보다 태양광은 태양이 존재하는 동안에는 거의 무한정 공급받을 수 있어 석유처럼 고갈될 염려가 없다. 물론 태양도 언젠가는 사라지지만 그런 상황을 지켜보려면 무려 50억 년이란 시간이 흘러야 한다.

태양광 자동차는 어떤 원리로 움직일까? 태양광, 그러니까 빛은 적외선, 엑스선, 감마선, 자외선 등 눈에 보이지 않는 물질로 이루어져 있다. 빛을 이루는 물질을 일컬어 광자光子라 부르는데 광자는 일종의 에너지라고 생각하면 된다.

일단 태양광이 태양전지 내부에 닿으면 자유롭게 움직이는 자유전자가 되고 자유전자는 각각 '+'와 '−' 전극으로 이동해 전기를 만들어 낸다. 정리하면 태양광에 들어 있는 광자가 태양전지 내부로 들어와 전기를 발생시키는 것이다. 한마디로 빛 에너지가 전기 에너지로 바뀐다고 이해하면 쉽다. 이후 태양전지에서 만들어진 전기는 곧바로 축전지에 저장되며 태양광 자동차를 움직이는 모터에 전달된다.

이렇듯 태양광 자동차는 빛이 태양전지에서 만들어지는 과정을 제외하면 특별히 제작이 어려운 것은 아니다. 그럼에도 불구하고 태양광 자동차가 쉽게 상용화되지 못하는 이유는 태양전지 효율이 높지 못해서다. 자동차 종류에 따라 조금씩 다르지만 경차라고 해도 보통 무게가 600킬로그램 정도고 몸무게가 65킬로그램인 성인 다섯 명을 태우면 925킬로그램으로 무거워진다.

현재 판매되고 있는 경차가 50~60마력을 가지고 있으므로 이를 와트로 환산하면(1마력은 735.5와트) 약 3만 6775~4만 4130와트가 필요하다. 그런데 현재 가장 널리 쓰이는 태양전지가 1㎡당 100와트의 힘을 내므로 경차 한 대를 움직이기 위해서는 최소 360㎡(108평) 크기의 태양전지가 필요하다. 경차 한 대 몰자고 360㎡ 크기를 가진 태양전지를 들고 다닐 수는 없는 노릇이다.

무게는 최대한 줄이고 태양전지는 가급적 많이 붙여야 하는 태양광 자동차는 디자인이 일반 자동차와 크게 다를 수밖에 없다. 효율이 좋은 태양전지는 주로 우주선이나 인공위성에 많이 쓰이지만 가격이 비싸다는 것이 흠이다. 또한 유지 보수도 어렵다. 상황이 이렇다 보니 태양광 자동차 제작이 만만치 않다. 널리 쓰이는 태양전지는 효율이 15% 정도에 불과해 태양광 자동차 상용화가 쉽지 않고, 효율이 좋은 태양전지는 가격이 비싸 우주선이나 인공위성에 주로 사용되는 상황이다.

문제는 태양전지에만 있는 것이 아니다. 일단 태양전지에서 전기가 만들어지면 이를 축전지에 저장해야 하는데 자동차에 널리 사용되는 납축전지는 무게가 무겁다. 물론 축전지를 효율이 좋은 은-아

다양한 형태의 태양광 자동차들

연 방식으로 바꾸면 문제가 어느 정도 해결되지만 가격이 비싸다는
것이 흠이다. 이제까지 선보인 태양광 자동차 모양이 UFO처럼 납작
하고 탑승 인원도 1~2명에 불과했던 이유가 바로 여기에 있다. 무게
는 최대한 줄이고 태양전지는 가급적 많이 붙여야 했기 때문이다.

하지만 저렴한 가격으로 태양전지의 효율을 높이기 위한 노력도
계속되고 있다. 광주과학기술원 이광희 교수가 플라스틱과 유기물
을 사용한 태양전지를 개발했는데 이를 사용하면 1와트 전기를 만드
는 태양전지의 가격이 100원 정도면 충분하다. 1와트 전기를 생산하
는데 필요한 가격이 2000원이었던 기존 태양전지에 비해 훨씬 저렴
한 셈이다. 플라스틱 유기물 태양전지는 소재가 유연해 의복이나 책

상, 창문 등 활용 분야가 넓다.

　태양광 자동차는 항공 우주, 자전거, 대체에너지, 자동차 산업의 기술을 융합한다. 대부분의 경주차와는 달리, 태양광 경주차는 경주 규칙에 따른 에너지 제한이 매우 심하다. 이 규정에 따라 태양 복사로부터 모아진 에너지만 사용할 수 있다(비록 대회에 따라서는 전지가 완전히 충전된 상태로 출발하기도 하지만). 따라서 설계를 할 때 공기 역학적 저항, 차량 중량, 구름 저항[20]과 전기 효율을 최적화는 것이 다른 무엇보다도 중요하다.

　좋은 성능을 보여주는 자동차들의 일반적인 설계는 자그마한 조종실 덮개가 가운데 있는 곡면 날개 배열로, 전체가 태양광 전지로 덮여 있으며 바퀴는 3개이다. 전에는 바퀴벌레형 차체에 부드러운 전면부를 가지고 있는 형태가 더 성공적이었다. 저속에서는 전력 생산량이 더 적은 배열을 사용하고, 다른 구성도 가능하다(예를 들면 기존의 전기자동차의 가용 표면을 태양전지로 덮거나 태양전지 덮개를 위에 올리는 등).

태양광 자동차의 작동 원리

　태양광 자동차는 태양광을 전기에너지로 변환하는 태양전지를 차

---

20 부드러운 표면을 가진 비포장 도로 상에서 타이어는 표면에 내려앉아 타이어 앞에 작은 경사를 이루는데, 이들이 구름 저항을 구성한다.

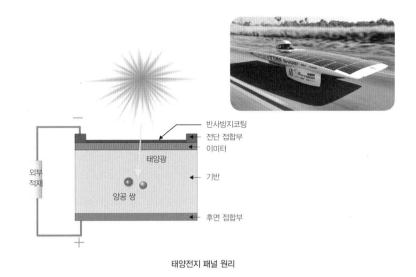

반사방지코팅
전단 접합부
이미터
태양광
기반
양공 쌍
외부
적재
후면 접합부

태양전지 패널 원리

량에 부착하고 이들 태양전지로부터 얻어진 전기로 모터를 구동하여 작동한다. 태양전지는 전기적 성질이 서로 다른 N형의 반도체와 P형의 반도체를 접합시킨 구조를 하고 있는데, 2개의 반도체 경계 부분을 PN접합이라고 부른다.

 이러한 태양전지에 태양 빛이 닿으면 태양빛은 태양전지 속으로 흡수되며, 흡수된 태양빛이 가지고 있는 에너지로부터 +와 −의 전기를 갖는 입자^{정공과 전자}가 발생하여 각각 자유롭게 태양전지 속을 움직이게 되지만, 전자 −는 N형 반도체 쪽으로, 정공 +는 P형 반도체 쪽으로 모이게 되어 전위가 발생하게 된다. 이 때문에 앞면과 뒷면에 붙여 만든 전극에 모터 등에 의한 부하를 연결하면 전류가 흐르게 되는데, 이러한 전류에 의해 모터가 구동되어 달리는 것이 태양광 자동차다.

아직까지는 태양광을 주 동력원으로 이용하는 자동차는 연구용이거나 컨셉카 수준의 실험 단계인 것이 대부분이다. 태양광만으로 주행 가능한 자동차가 상용화되기 위해서는 획기적인 기술적 진보가 필요할 것으로 보인다. 그러나 태양광을 보조 동력원으로 사용하여 기존 자동차의 연비를 향상시키거나 냉난방 장치 등 주변기기 구동에 활용하는 방법에 관하여 상용화가 활발히 진행 중이며 이미 출시된 제품도 있다.

태양열과 태양광의 차이점[21]

태양열 발전은 열을 모아 다른 물질에 저장시킨 후 터빈을 돌려 전

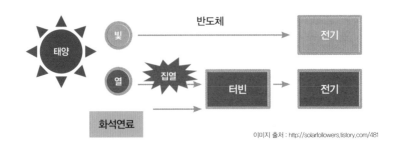

이미지 출처 : http://solarfollowers.tistory.com/481

태양열 발전, 태양광 발전 비교

---

21 대학생 태양에너지 기자단, 이대용 기자 (http://solarfollowers.tistory.com/481)

기에너지를 생산한다는 점에 반해, 태양광 발전은 빛에너지를 바로 전기에너지로 변환시킨다는 점이다.

태양열 발전의 경우 열에너지가 운동에너지로 다시 전기에너지로 변환되다 보면 그 중간에 손실이 발생되어 손해가 생기게 된다. 하지만 주 에너지원을 저장해서 활용할 수 있다는 것은 그 열을 다양하게 활용할 수 있다는 측면에서 큰 장점이 된다.

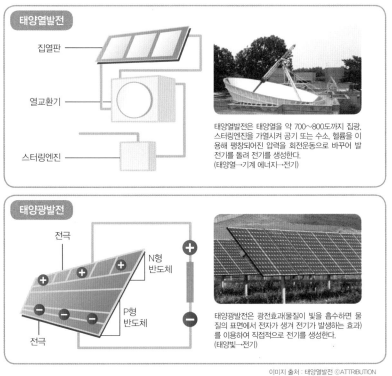

태양열발전

집열판

열교환기

스터링엔진

태양열발전은 태양열을 약 700~800도까지 집광, 스터링엔진을 가열시켜 공기 또는 수소, 헬륨을 이용해 팽창되어진 압력을 회전운동으로 바꾸어 발전기를 돌려 전기를 생성한다.
(태양열→기계 에너지→전기)

태양광발전

전극

N형 반도체

P형 반도체

전극

태양광발전은 광전효과(물질이 빛을 흡수하면 물질의 표면에서 전자가 생겨 전기가 발생하는 효과)를 이용하여 직접적으로 전기를 생성한다.
(태양빛→전기)

이미지 출처 : 태양열발전 ⓒATTRIBUTION

태양열 발전, 태양광 발전 비교

태양광 발전은 빛이 있을 때에만, 즉 낮에만 발전이 가능하고 해가 없는 밤에는 발전이 불가능하다. 하지만 태양열은 발전에 필요한 에너지원인 열에너지를 다른 물질에 저장할 수 있기 때문에 태양이 없는 밤에도 저장해 둔 열에너지를 통해서 발전이 가능하다(일몰 후 7~8시간 추가 발전 가능). 이는 안정적인 전력 생산을 할 수 있다는 점에서 다른 신재생에너지원과 차별화 되는 큰 장점이다.

3 태양광 패널의 적용 사례

포드 태양광 하이브리드 콘셉트카

  포드는 CES 2014에 'C-맥스 솔라 에너지' 콘셉트 카를 전시하였다. 하지만 제품으로 생산할 계획이 없이 기술적 가능성만 탐색하는 제품이며 사실상 1년여 전 포드가 내놓았던 'C-맥스 에너지' 하이브

이미지 출처 :
포드 홈페이지(http://www.ford.com)

포드사의 C-맥스 솔라 에너지

리드 자동차의 지붕에 태양광 패널을 얹은 것이다.

포드의 전기자동차 부문 글로벌 책임자는 자동차를 태양광 충전 모드에 두고, '프레넬 렌즈'^{태양광의 세기를 8배로 증폭시켜줄 수 있는 렌즈}라는 집광 장치가 있는 특수 주차 시설에 세워 두면 6~7시간 만에 완전 충전에 가까운 상태가 된다고 한다.

또한 이 차는 내장되어 있는 컴퓨터와 센서의 정보를 종합해 태양의 움직임에 따라 자동차가 태양광 충전에 가장 알맞은 위치를 찾아 자동으로 움직이는 기능도 있다고 발표했다.

토요타 **프리우스**

토요타사의 프리우스 3세대 모델부터 적용된 솔라 패널이 적용된 이 자동차는 태양광 환기 장치가 옵션으로 장착되어 있다. 태양이 떠 있는 낮

토요타 프리우스

시간 동안 주차 중인 차의 지붕(태양광 패널)에서 발전하고, 여기서 발전된 전기는 공조시스템과 연결되어 실내 환기용 팬을 작동시켜 내부공기 순환에 사용된다.

태양광 패널이 부착된 미쯔비시 아이미브 스포츠

미쯔비시 아이미브 스포츠

미쯔비시 사에서 개발된 이 자동차는 지붕에 태양광 발전장치를 부착한 전기자동차이다. 미쯔비시에서 친환경 자동차로 개발했으며 태양광 충전만으로도 약 20킬로미터까지 주행할 수 있다.

폭스바겐 스페이스 업 블루

폭스바겐 스페이스 업 블루

폭스바겐에서 개발한 이 자동차는 연료전지 자동차로 자동차 루프에 태양광 패널을 장착하여 태양광과 연료전지를 함께 이용할 수 있도록 구성되어 있다.

4 향후 태양광 자동차의 발전 형태는?

유럽연합[EU]에서 350만 유로(약 55억 원)의 개발비를 지원한 차체를 배터리로 사용하는 자동차[22] 프로젝트는 볼보자동차와 영국 임페리얼 대학 등 유럽의 9개 기업 · 연구소가 참여하고 있다. 기존의 전기자동차 개발에 가장 큰 장애물인 배터리의 크기, 중량, 충전 방식을 개선하기 위해 탄소섬유와 고분자 수지를 이용해 기본 금속보다 강도가 뛰어난 신소재를 충전이 가능한 자동차 바디 패널로 제작하는 프로젝트이다.

기존 하이브리드 전기자동차에 있어 제작비용의 대부분이 배터리 비용이라 할 만큼 비싸며 무게도 너무 무거웠다. 용량이 큰 배터리를 넣어야 한다는 것은 전기자동차 개발에 있어서 가장 큰 장애물이었다. 하지만 프로젝트에 참여 중인 볼보에서 현재 개발 중인 신소재를 사용하면 차체 무게를 15% 정도 줄일 것으로 보고 있다. 차의 문 · 지붕 · 보닛을 신소재로 바꾸면 한 번에 130킬로미터 정도를 달릴 전기를 충전할 수 있다는 주장이다. 연구에 참가한 기관들은 향후 개발 여부에 따라 배터리가 필요 없는 전기자동차가 등장할 수도 있다는 가능성까지 제시되고 있으며, 이번 사업이 성공할 경우 신용카드처럼 얇은 휴대전화, 한 번 충전으로 더 오래 쓸 수 있는 노트북

---

22 중앙일보 꿈의 전기자동차 나온다 기사 . 김선하 기자. (http://www.koreadaily.com/news/read.asp?art_id=1099783)

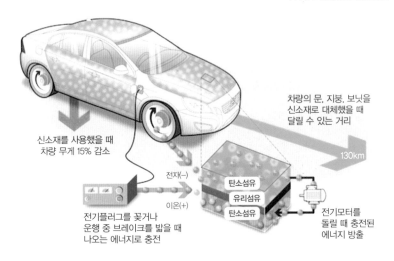

차량의 문, 지붕, 보닛을
신소재로 대체했을 때
달릴 수 있는 거리

130km

신소재를 사용했을 때
차량 무게 15% 감소

전자(-)

탄소섬유
유리섬유
탄소섬유

이온(+)

전기플러그를 꽂거나
운행 중 브레이크를 밟을 때
나오는 에너지로 충전

전기모터를
돌릴 때 충전된
에너지 방출

차체를 배터리로 사용하는 자동차

컴퓨터 등에도 응용 가능할 것으로 예상하고 있다.

인류는 태양열을 이용하여 인간에게 필요한 에너지원으로 사용하려는 시도를 오래전부터 계속해 왔고, 현재 우리는 태양광 발전에 매우 큰 발전과 성장을 이루었다. 유가상승과 더불어 지구환경에 대한 관심이 고조됨에 따라 전 세계적으로 녹색에너지 활용 촉진을 위해 더욱더 노력하고 있으며, 지금까지 살펴 본 바와 같이 자동차 분야에서도 개인 발명가뿐만 아니라 전 세계 완성차 업체들도 태양광 자동차 개발에 많은 노력을 기울이고 있다. 따라서 멀지 않은 미래에 태양광 자동차가 상용화 될 수 있다는 가능성을 보여 준다.

내일 우리의
자동차는?

1
상상이
현실이 되는
시대

　요즘 사람들은 공감하기 어렵겠지만, 예전에는 TV라는 건 소위 '있는' 집의 상징과도 같았다. 동네에서 제일 잘사는 집에 사각 나무 상자로 감싼 흑백TV가 하나 있었을까? 재밌는 프로그램이 시작할 시간이면 온 동네 사람들이 모여서 옹기종기 앉아 시청하던 모습이 기억난다. 붐비기야 이루 말할 수 없을 만큼 붐벼 짜증이 났어도, 더우면 더운 대로 추우면 추운대로 모여서 서로 희희낙락하며 이야기하던 모습이 선하다. 그때야 화면이라는 공간 속에 뭐가 움직이는 것만으로도 신기했을 때였다. 지하철에서, 학교에서 심지어 화장실에서 손바닥만 한 화면으로 자기 귀에만 들리도록 이어폰을 끼고 모든 사람들이 드라마를 시청하는 모습을 조상님들이 보신다면 놀라 자빠질 것이다.

　나도 주위 사람들에 비해 스마트 기기를 상당히 애용하는 축에 속한다고 자부하면서도, 가끔가다 이런 현실이 오긴 왔구나 싶어 스스

현대 포니, 1974

로 헛웃음을 지을 때가 많다. 확실히 우리 때는 그랬다. 조개탄으로 교실의 난로를 때고 그 위에 철통 도시락을 줄줄이 쌓아 올리고, 버스안내원이 '안 계시면 오라이' 멘트를 던지며 꽉 찬 버스에 탑승한 승객들을 육탄 방어하는 시대를 살았다. 정말이지 그 시절에는 이런 기술적인 진보에 대한 상상이나 기대감이 없었다. 아니, 상상이 너무 막연해서 '정말 그런 세상이 올까'라는 의문을 품었다는 것이 더욱 정확한 표현일 것이다.

자동차도 다르지 않다. 우리나라 최초의 양산형 독자 생산 모델인 현대차의 포니가 1975년에 등장해서 폭발적인 인기를 끌고 모든 사람들의 '국민 자동차'로 인식되었을 때만 해도 우리가 지금 몰고 다니는, 그리고 기업들이 개발에 착수하여 인터넷 뉴스에서 지속적으로 등장하는 'IT 복합 스마트 자동차'에 대한 개념이나 감각은 먼 나라 우주 이야기 같았다. 그렇다면, 지금보다 더 진보한, 당장의 몇 년 후부터 몇 십 년이 흐른 뒤 상상할 수 있는 미래의 자동차는 어떤 모습일까? 확실한 것은 우리가 어떠한 형태의 상상을 떠올리건 간에, 미래의 모습이 우리의 예상과 예측보다 훨씬 높은 수준에 올라 있을 가능성이 크다.

우리가 지금 미래의 모습에 대해 궁금해 하는 것과 마찬가지로, 먼 옛날 사람들 또한 미래에 등장하게 될 새로운 운송수단에 대한 관심과 호기심을 가지고 있었다. 다만 그 당시 '자동차'라고 명명될 존재에 대해서는 기능성의 측면보다는 굉장히 공포스러우면서도 신성한 존재로 묘사했다는 점이 독특하다. 인류 문학의 최고봉인 성경의 표현을 인용하면 다음과 같다.

내가 그 생물을 본 즉, 그 생물 곁 땅 위에는 바퀴가 있는데 그것은 네 얼굴을 따라 하나씩 있고, 그 바퀴 형상과 구조는 넷이 한결같은데 황옥 같고 바퀴 속에 바퀴가 있는 것 같고. 행할 때는 사방으로 향하는데 돌이키지 않고 행하며 생물이 행할 때 바퀴도 스스로 돌려서 어디든지 신이 가려하면 그 생물도 신이 가려하는 곳으로 가고 바퀴도 그 곁에서 돌아가니 이는 생물의 신이 그 바퀴 가운데 있음이라.

기원전 9세기 그리스의 대 문호인 호메로스의 서사시인 「일리아드」에서도 자동차에 대한 모습을 어렴풋이 추정할 수 있다.

불과 대장간의 신 벌칸은 하늘신의 명령에 따라 이곳에서 저곳으로 스스로 움직이는 기적의 순금 바퀴가 달린 놀라운 창조물을 하루에 20대 만들어…….

하지만 신에 대한 존경과 그에 대한 부산물로서 '자동차'를 상상했던 고대 사람들과 달리, 이제는 더 이상 자동차를 무시무시한 존재로 상상하지 않는다는 점이 중요하다. 물론 교통사고와 같은 인명재해의 경우는 제외해야 하지만, 자동차는 이제 우리 실생활에서 꼭 필요한, 떼려야 뗄 수 없는 존재로 인지되고 있다.
'개발'이라는 측면에 한정해서, 미래 과학에 대한 현대인들의 상상력을 가늠해 볼 수 있는 좋은 척도는 바로 '영화'다. 자동차에 대한 뛰어난 상상력이 발휘된 영화는 단연 '007 시리즈'를 꼽을 수 있다. 1962년 숀 코너리 주연의 〈살인번호〉에서부터 2012년 다니엘 크레이그 주연의 〈스카이폴〉까지, 007은 지구촌 다양한 연령대의 모든 사람들에게 많은 사랑과 관심을 받았다. 메인테마 음악도 영화 제목만큼이나 유명하지만, 무엇보다도 007의 핵심요소라 할 수 있는 것은 본드의 옆에서 위기의 순간에 도움을 주는 섹시한 본드걸과 제임스 본드의 차, 본드카일 것이다.

살인면허를 가진 매력적인 영국 스파이의 영웅담에 걸맞게, 본드카는 제임스 본드를 지키고 보호하기 위한 화려한 성능을 자랑한다. 카폰이 탑재되고 번호판을 마음대로 바꿀 수 있었던 초기 모델부터 (1963년이라는 사실을 주목하길 바란다), 자동차 하부에 스키 모드가 전개되며, 펑크가 나도 자동 복구되는 타이어뿐 아니라 사람의

007 제임스 본드카 로터스 에스프리

시야에서 사라지는 투명화 기능까지 실로 다양했다. 바퀴 축에 달린 레이저를 비롯해 무기장착은 기본이고 급발진, 급제동을 해도 티 하나 나지 않는 완벽한 균형감각과 남성미가 물씬 풍기는 매력적인 디자인을 매 시리즈마다 선보였다. 로저 무어가 출연했던 007 '나를 사랑한 스파이'에서 등장한 수퍼카 '로터스 에스프리'는 적의 공격을 피해 바다 속으로 뛰어들어 잠수함 기능을 선보이고, 측면에서 미사일을 발사하기도 했다. 신선도가 조금 떨어진다는 생각이 든다면 이 영화의 제작 시기가 1977년, '백 투 더 퓨처' 시리즈의 타임머신 자동차가 탄생하기 무려 10여 년 전의 영화라는 사실을 다시 한 번 참고해 주길 바란다.

성능적인 측면에서 전천후적인 기괴함을 자랑하는 차량은 정말 많지만(배트맨 시리즈의 배트카등), 현실적으로 우리 사회의 '도로' 인프라의 환경과 함께 상상해 볼 수 있는 미래 자동차의 모습 또한 영화 속 장면에서 많이 찾아 볼 수 있다. 1990년에 제작된 아놀드슈왈제네거 주연의 '토탈 리콜' 시리즈를 기억하는가? 이 영화는 2012년 콜린 패럴과 케이트 베킨 세일 주연의 영화로 리메이크 되었다. 영화 자체는 오리지널 버전에 비해서 큰 흥행을 거두었다고 보기는 힘들지만, 헐리우드의 자본력과 기술 때문에 볼거리는 풍성했다는 평이 많다. 우리가 주목할 부분은 바로 이 영화에 등장하는 자동차 '호버크래프트(약칭)'다.

배트카

영화의 시대 배경은 2084년으로 대략 70년 이후의 시간이다. 영화 속에 등장하는 도로는 일반적인 아스팔트 형 도로 이외에도 '컴퓨팅 모듈 네트워크 형' 도로가 존재한다. 그 위를 바퀴 없는 자동차, '호버크래프트'가 빠른 속력을 내지르면서 달린다. 자동차 조종석에서 스마트 디바이스 화면을 통해서 주변 자동차의 속도 및 접근 여부와 지근거리 등을 파악할 수 있고, 자기 부상열차와 같이 공중을 떠다닌다. 영화 중반부에는 추격신이 나오는데 정해진 궤도를 이탈해 적들을 따돌리는 장면이 나온다. 지면에 다다른 상태에서 일반 자동차와 충돌하기 직전에 파워 출력으로 자기부상도를 높여 '수직 이동'을 해 원래 네트워크 도로로 다시 돌아가는 장면이 꽤나 압권이

폭스바겐 아쿠아

다. 자동차의 모습과 기능이 영화 속과 동일하게 발전할지는 짐작하기 어려우나, 미래 자동차의 주행 환경과 작동 원리가 이 영화 속에 나오는 '네트워크형 컴퓨팅' 도로 기반 위에서 펼쳐질 가능성은 스마트 IT 기술의 발전 양상을 고려했을 때 어느 정도 현실적인 접근이라는 생각이 든다.

2
어디까지,
어떻게
변할까?

영화 속 상상 이야기를 신나게 했으니, 이제 실제로 연구 중인 현실적인 미래 자동차의 모습에 대해 이야기해 보자. 하이브리드, 전기자동차, 수소연료전지차는 이미 앞부분에서 상세히 다룬 내용이거니와 어쩌면 우리 생활에 들어올 준비를 끝마친 자동차들이다. 이번 파트는 좀 더 먼 미래, 좀 더 상상력이 가미된 아이디어들이 현실적인 기술 접근으로 연구 중인 상황을 다뤄본다. 확실한 건 비록 현재의 운전자들이 자동차 선택의 요소로 꼽는 것은 연비, 실내외 디자인, 차량 성능 등이겠지만 미래의 자동차는 IT 스마트 디바이스의 발전과 궤를 같이 한다는 사실이다. 내비게이션 길 찾기 등의 단순한 도구가 아니라, 시동부터 운행, 주차 그리고 차량 안전에 이르는 전체 프로세스가 사물인터넷을 통해서 하나의 네트워크로 구성될 가능성이 매우 높다는 점이다.

1 자율주행

서울의 시가지를 지나는 자동차, 핸들에 있어야 할 운전자의 두 손은 전면부에 달린 터치스크린 패널을 만지고 있다. 운전자가 운전에 전혀 신경을 쓰지 않는데도, 이 똑똑한 차는 교차로에서, 보행자와 교통상황을 스스로 살펴가며 시가지를 빠져나간다. 목적지는 한 백화점. 가족들과 모처럼 쇼핑을 나왔다. 백화점 주차장에 들어서자, 목적지에 도착했다는 안내 음성이 나온다. 백화점으로 올라가는 엘리베이터 앞에서 내려, 스마트폰으로 어플리케이션을 통해 자동주차를 예약한다. 버튼 하나로 주차는 물론 호출도 가능하다. 운전자의 스마트폰에서 무선 통신으로 명령을 받은 차는 스스로 주차장으로 향해 빈 공간을 찾아 주차를 한다. 쇼핑이 끝나고 난 뒤 운전자는 다시 스마트폰으로 자동차를 호출한다. 다시 목적지를 설정한 뒤 오늘 저녁에 방영되는 TV프로그램을 보며 편안한 주행을 즐긴다.

이렇듯, 자동차가 우리의 일상을 좀 더 편하게 만들어 줄 수도 있다. 그렇다면 이러한 자율주행을 하는 자동차는 어떻게 운행될 수 있을까?

자율주행 시스템이란 일반적인 주행 상황에서 목적지까지 경로의 일부분 또는 완전 자율주행이 가능한 시스템을 의미하며, 늘 사람이 탑승한 상태라는 점에서 무인자동차와는 차별화된다. 자율주행의 프로세스는 사람이 여러 가지 감각을 이용해 상황을 인식하는 것과 마찬가지로 자동차가 센서들을 통해 주변 환경을 인식하는 것이다. 그래서 자율주행의 프로세스는 우리의 감각 기관과 유사한 센싱 기술^{인식 기술}, 사람의 두뇌와 유사한 역할을 하는 판단 및 주행 전략기술, 그리고 우리의 몸, 근육들과 유사한 제어 기술로 이루어져 있다.

인지 기술은 크게 2가지로 나뉜다. 첫째는 센서 기술이라고도 할 수 있다. 원활한 자율주행이 이루어지기 위해서는 레이더, 초음파, 카메라 센서들을 융합하는 기술과 고성능의 레이저 센서와 같은 신기술이 접목될 필요가 있다. 둘째는 원거리 통신 기술이다. 돌발적인 환경 변화, 센서의 한계 범위 바깥에서 발생할 수 있는 상황을 인지하기 위해서 자동차와 사물, 사람 혹은 다른 자동차와의 원거리 통신이 필요하다.

센서 기술이 어떤 원리로 구현되는지 궁금하지 않은가? 센서 기술에 대해서 좀 더 자세히 살펴보기 전에 혹시, 여러분은 박쥐가 레이더 센서 기술의 대표라는 것을 알고 있는가? 박쥐는 어떻게 공간에 대한 정보를 얻을 수 있을까? 박쥐는 초음파를 쏴서 물체와의 거리를 인지하고, 주변 상황을 인식한다. 이를 자율주행 자동차에 적용한 기술이 '레이더(라이더) 기반 정보융합형 주행상황 인지기술'이다. 이름은 참 어렵지만, 자율주행 자동차가 마치 박쥐처럼 초음파 레이더를 이용해 다른 자동차나 사람들, 장애물들이 얼마나 멀리, 혹은 가까이 있는지, 얼마나 큰지 알아내는 기술이다. 그런데 문제는 레이

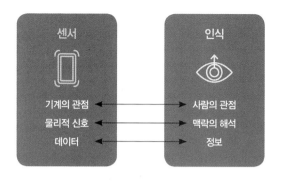

인지 기술의 개념

더만 가지고는 형상을 구분할 수 없다는 것이다. 즉, 레이더만으로는 색과 모양을 구분할 수 없다. 이렇게 되면 사람이 표지판과 자동차를 색과 빛으로 구분하는 것과 달리, 그저 무언가가 있다는 것만 알 수 있지, 그게 표지판인지, 자동차인지 사람인지 알 수 없다는 것이다. 그렇기 때문에 수용할 수 있는 정보에 한계가 생긴다. 그래서 자동차도 사람이 눈을 통해 시각 정보를 받아들이는 것처럼, 카메라를 이용해 시각 정보를 수집하고 트럭과 오토바이, 사람 등의 각기 다른 물체들의 형상을 구분할 수 있도록, 또 다른 센서 기술인 '영상센서 기반 정보융합형 주행상황 인지기술'과 결합되어 좀 더 나은 상황 인식을 보장한다.

　영상센서 기반 인지 기술은 쉽게 말해, 카메라를 이용해서 그 영상 정보를 분석하여 이를 바탕으로 사물의 색과 형태를 구분하는 기술이다. 이 영상센서 기반 인지기술은 주행차로 유지 및 다차선 변경, 나들목과 분기점의 합류 지원, 주차유도 및 자동주차 등을 위해 차선, 표지판, 자동차, 이륜차 등의 '형상' 정보와 거리 정보에 대한 인식 및 검출 기술이 포함된다.

하지만 센서 기술이 아무리 발전하더라도 앞에 사고가 난 상황이나, 안 보이는 차량이 갑자기 차선을 바꿨다든지 하는 상황까지는 파악하기가 힘들다. 2015년 2월 11일, 인천 영종대교에서는 100중 추돌사고가 발생했다. 왜 이런 사고가 발생했을까? 물론 최초 사고를 낸 차의 잘못이 가장 크겠지만, 당시에 짙은 안개로 인해 운전자의 가시거리가 15미터에 불과했다고 한다. 15미터 앞도 보이지 않는 상황에서 운전을 하기란 쉽지 않은 일이다. 앞의 차량이 사고가 났는지 시각적으로 인지할 수 없었기 때문에 뒤에 오던 차들은 피할 여유가 없었고, 그로 인해서 100중 추돌 사고가 발생한 것이다. 센서 기술로도 이러한 문제를 해결하기가 쉽지 않다. 왜냐하면 센서의 인지 범위에는 한계가 있기 때문이다. 그래서 필요한 것이 자동차와 자동차, 사물과의 통신 기술이다.

예를 들면, 어두운 밤에 골목길을 달리고 있는데, 안 보이는 곳에 있는 차가 "2016년 7월 1일. 제 차량 ID는 123X2218입니다. 오후 11시 22분 22초. 좌표는 (xxxx,yyyy)입니다. 속도는 60km/h입니다."라고 계속해서 주변에 통신 신호를 보내고 있다. 위치가 계속 변함에 따라 주변 차에 지속적으로 신호를 업데이트 한다. 그렇게 되면 시야에서 보이지 않는 곳에 있더라도 통신 신호가 닿는 곳에 있는 차라면, 차량 내부의 CPU에서 그 차량이 있다는 것을 인지하고 판단해서 자율주행차의 주행 속도를 낮출 수 있다. 즉, 차량과 인프라 혹은 자동차와 자동차가 통신을 이용하여 서로 정보를 주고받으며 주변 상황을 공유함으로써 자동차 주변뿐만 아니라 더 넓은 지역의 환경을 정확하게 인지할 수 있게 되는 것이다.

그는 캐딜락 DTS를 타고 미시간 주 워렌에 있는 제너럴모터스 연구소 주차장 주변을 돌며 폭주에 가까운 속력을 내고 있었다. 코너를 돌고 가속페달을 밟은 얼마 후 계기판에 불이 반짝거렸고, '삑' 하고 우리가 앉은 좌석에서 요란한 소리가 나기 시작했다. 그는 브레이크를 힘껏 밟았고, 커다란 울타리에 가려 미처 발견하지 못했지만 왼쪽에서 빠르게 다가오던 다른 자동차 앞에 급정지했다. 다가올 충돌을 경고하는 이 기술은 앞으로 2년 내에 자동차에 도입될 것이다.

– 머니투데이 특집 기사

"MIT 선정 혁신 기술 ③차량 간 통신" 中 –

미국 교통부가 오는 2017년 상용화를 목표로 추진 중인 '자동차 간 무선통신V2V vehicle-to-vehicle' 기술은 도로 위에서 함께 달리는 인

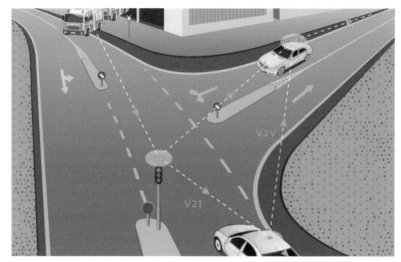

차량-인프라간 통신, V2I

접 지역 자동차끼리 자동으로 무선 통신을 주고받으면서 운전을 하
도록 유도하는 시스템이다. 확실히 말해, 스마트 커넥티드카의 운전
'쾌적성'의 기본적 토대를 마련하는 중요한 시스템이 될 것이다. 때
문에, '말하는 자동차 시대'라는 의미는 곧 '자동차들끼리 서로 정보
교환이 가능한 스마트 운행시스템'으로 이해할 수 있다.

간단한 예로 각 자동차들 간 서로 지근거리를 일정하게 유지하면
서 주행하게 된다. 당연히 상식적으로 생각해 보더라도 이런 저런
사고 위험은 상당히 낮아질 것이다. 근처 자동차 위치와 속도 정보
등을 끊임없이 공유하기 때문에 갑작스러운 자동차의 움직임이나
돌발 상황에 대한 대처가 가능하게 된 것이다.

좋은 사례가 있다. 볼보가 2015년 MWC에서 선보인 V2V 통신 시스템은 자동차에 있는 센서들이 전방에 있는 빙판길이나 사고 상황을 실시간으로 알려주는 기능을 한다. 만약 볼보 자동차가 빙판길을 지나게 되면 바퀴의 센서는 빙판길의 GPS 위치 정보를 볼보의 서버에 전송하며, 이 정보는 다시 해당 빙판길 인근에 있는 볼보 차들에 전송되어 운전자에게 경고하게 된다. 현재 볼보의 스웨덴 연구소에서 개발 중인 이 기술은 자동차들로 하여금 지속적으로 데이터를 주고받게 해 차선을 변경하기 전 주변 자동차들의 위치를 알려주거나 전방의 사고 현장을 경고해 연쇄추돌 사고를 방지하게 된다. 일본 애니메이션 「사이버 포뮬러」에서 레이싱카들의 컨트롤 시스템이 알아서 주변을 인지하고 컴퓨터 육성으로 상황을 운전자에게 보고하는 그 옛날의 상상력이 실제로 구현되기 일보 직전인 셈이다.

또, 스마트폰을 이용해 간단한 어플리케이션으로 무인 자동주차 시스템을 선보이고 있다. 운전자 없이 자동차 스스로 빈 공간을 찾아 주차를 하고, 운전자가 신호를 보내면 자동차 스스로 운전자가 내렸던 장소를 찾아오는 등의 기능을 갖췄다. '무인 자동주차 기술'은 자동차가 자동주차 시스템이 사용 가능한 지역에 들어서면 도로 및 주차장 등 인프라와 지속적인 상호작용을 통해 운전자에게 알려준다. 이 정보에 따라 운전자는 별도로 주차공간을 찾을 필요 없이 주차장 입구에서 내려 휴대폰으로 이 시스템을 작동시키면 자동차

이미지 출처 : http://www.driveind.com/341

볼보의 무인 주차 시스템

가 센서를 통해 주차장의 빈 공간을 찾아낸다. 이 과정의 가속과 제동은 모두 주차장의 환경에 맞춰 제작돼 보행자나 다른 차량이 감지될 경우 차가 스스로 멈추고 위험 요소가 사라지면 다시 주행하도록 설계됐다.

국내에도 V2V 기술 개발 사례가 있다. 2011년 5월 전자통신연구원ETRI이 선보인 '멀티홉 방식의 차량 간 통신 기술VMC'이 대표적이다. 다만 기존 방송용 주파수와의 중복 때문에 아직 상용화 단계에는 이르지 못하고 있는 대신 스마트폰 보급률이 높은 국내 여건을 반영하여 스마트폰을 통해 자동차 위치정보를 수신하는 기술을 개발 중이며, 이는 5년 내로 상용화될 예정이다. 더불어 국토교통부는 도로시설물과 통신을 통해 사고와 도로 위 장애물을 피하는 지능형 교통체계ITS를 개발, 2030년까지 전국에 확대 적용할 계획이라고 하니 머지않아 국내에서도 V2V 통신을 만나볼 수 있을 전망이다.

측위 기술은 자동차의 위치를 정확하게 파악을 하는 기술로 디지털 지도상에서 GPS로 표기된 자동차의 위치와 실제 위치를 일치시키는 기술을 말한다. 쉽게 말해, 여러분이 지금 집의 소파에 앉아서

책을 읽는다고 가정해 보면, 여러분의 뇌에서 여러분의 위치를 알기 위해 필요한 능력과 유사하다. 즉, 뇌의 공간 지각을 담당하는 부분에서 '나는 지금 우리 집의 소파에 앉아 있다'라고 인식할 수 있게 만드는 부분이다. 기존 자동차에 부착되어 있는 일반 GPS는 5미터에서 50미터까지 오차가 발생할 수 있는데, 자율주행을 위해서는 오차 범위가 최대 50센티미터 미만이어야 한다. 또한 정밀한 지도와 정밀 측위, 고성능 센서, 차량 통신 시스템V2X;vehicular communication system 기술 등이 추가적으로 필요하다.

제어 기술은 국내에서 기술 수준이 높은 분야로 인지 기술과 측위 기술을 통해 얻은 정보를 바탕으로 주행전략을 수립하고 실제로 자동차를 제어하여 주행하는 기술을 의미한다. 방향전환과 가속 및 감속을 통한 차간거리와 차선의 유지 등이 제어 기술 분야가 적용되는 영역이다.

자율주행 자동차에는 다양한 분야에서 개발된 여러 가지 기술이 적용된다. 센서에서 읽어 들인 정보는 주변 상황을 고려하여 분석되어야 한다. 여기에 필요한 기술이 바로 통신기술이다. '확장성, 범용성 및 보안성을 확보한 V2X 통신기술'은 다종의 V2V, V2I 등 V2X 통신기술을 사용하여 인프라 및 차량 센서 정보를 융합하여 자동차의 주변상황을 인지할 수 있는 통신모듈을 설계하는 기술이다. '자율주행용 도로&지형 속성 정보를 포함한 디지털맵 기술' 역시 주변 상

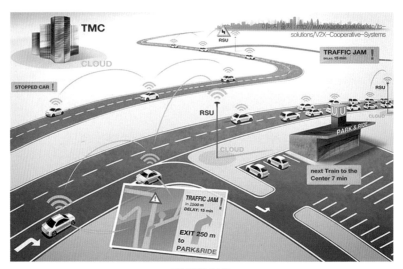

V2V 통신 시스템

황 판단에 매우 중요하다. 이것은 주행차로 전방 1킬로미터 이상의 구간에 대한 차선, 도로 형상, 구배 정보 등을 활용한 차선 유지 및 주행도로 예측 향상이 가능한 자율주행용 도로&지형 속성 정보를 갖는 첨단 운전자 보조 시스템ADAS; advanced Driver Assistance Systems용 디지털맵 생성 기술이다. 지도와 인프라 정보는 '보급형 고정밀 복합측위 기술'로 보강된다. DGPS, 디지털맵, 자동차 상태 정보와 서라운드 센서 정보를 융합하여 자율주행 환경에서 저가형 DGPS로 자동차의 위치, 주행 방향, 속도를 추정할 수 있는 기술이다.

분석된 정보에 따라 자동차를 움직일 때는 '오작동 방지Fail Safety를 고려한 스마트 액추에이터 기술'이 활용된다. 시스템 위험분석 및 고장분석을 통하여 자율주행 자동차의 안전한 제어를 위한 중첩성 Redundancy 및 오작동 방지가 반영된 고신뢰성 스마트 액추에이터 설계 기술이다. 한편 정보 축적을 위해 '자율주행 중 사고 원인 규명을 위한 사고기록장치EDR; Event Data Recorder 기술' 또한 적용되고 있다. 자율주행 자동차의 안전한 조작과 사고시 사고 원인 규명을 위한 자율주행 자동차의 내외부 영상 정보 및 서라운드 센서 정보, 차량 상태 정보IVN 를 실시간으로 저장 · 보호 · 전송하는 기술이다.

무엇보다 중요한 것은 사용자와 시스템의 친화도다. 운전자 수용성을 고려한 자율주행 HVI 기술은 실제 도로의 자율주행 환경에서 운전자(교통약자 포함)의 특성, 성향, 운전자 상태 및 자동차의 내/외부 상황 정보를 종합적으로 분석/판단하여 운전자의 성별/연령별 사용자 경험UX; User eXperience 시나리오 도출 및 최적의 사용자 인터페이스UI; User Interface개발을 통한 자율주행 자동차의 주행 안전성, 편의성, 수용성(불안감 해소)을 향상시킬 수 있는 차세대 HVI 기술이다. 이와 함께 '안전한 자율주행을 위한 운전자 모니터링 기술'이 자동차 환경에서의 시각, 청각, 촉각햅틱 등 다양한 인터페이스를 통하여 운전자의 상태(부하 및 피로도 등) 및 감성, 성향, 의도 파악과 자동차 주변 상황을 종합적으로 처리하여 자율주행 제어 전략을 수립할 수 있게 함으로써 안전한 운행을 보장한다.

2 자율주행 자동차의 도입은 언제부터?

자율주행 자동차의 도입은 단계별로 진화한다. 최종 형태는 운전자 개입이 없는 자유주행이며, 이를 위한 기술 개발과 도입은 단계적으로 이행될 전망이다. 미국의 NHTSA는 자율주행차와 관련하여 다섯 단계의 자동화 레벨을 발표했다.

볼보는 2017년 무인자동차를 개발하여 2020년까지 100대를 일반도로에서 주행하게 하는 프로젝트를 추진하겠다고 선언하였다. 볼보가 스웨덴 정부로부터 지원받는 금액은 5억 크로나(820억 원)이며, 새 모델에는 자동주차 기능이 탑재될 예정이다. 2012년 볼보는 SARTRE^{SafeRoad Trains For The Enviroment} 프로젝트를 성공적으로 이끈바 있다. 이 프로젝트는 앞서서 운전 중인 자동차에 대해 무인 자동차가 카메라와 레이더 센서를 이용하여 일정 간격으로 따라 달리도록 하는 프로젝트이다.

메르세데스 벤츠는 1984년부터 자율주행 기술팀을 설립하여 연구를 지속해왔다. 이미 1994년 프랑스에서 1000킬로미터 주행에 성공하였으며, 2013년에는 신호등 및 도로 상황을 파악할 수 있게 8개의 센서와 3개의 카메라를 부착한 모델로 독일 만하임과 포르츠하임 간 100킬로미터 거리의 일반도로 주행 역시 성공하였다.

GM은 2015년에 테스트를 마치고 2018년까지 자율주행 자동차를 출시하겠다고 선언하였다. 2018년 출시될 캐딜락에 적용될 슈퍼크

수준	정의	개요
level 0	비자동 No Automation	운전자가 항상 브레이크, 속도 조절, 조향 등 안전에 민감한 기능을 제어하고 교통 모니터링 및 안전 조작에 책임
level 1	기능 제한 자동 Function-specific Automation	운전자가 정상적인 주행 혹은 충돌 임박 상황에서 일부 기능을 제외한 자동차 제어권을 소유
level 2	조합 기능 자동 Combined Function Automation	어떤 주행 환경에서 두 개 이상의 제어 기능이 조화롭게 작동. 단 운전자가 여전히 모니터링 및 안전에 책임을 지고 자동차 제어권을 소유
level 3	제한된 자율주행 Livited Self-Driving Automation	특정 교통 환경에서 자동차가 모든 안전 기능을 제어하고 자동차가 모니터링 권한을 갖되 운전자 제어가 필요한 경우 경보 신호 제공. 운전자는 간헐적으로 제어
level 4	완전 자율주행 Full Self-Driving Automation	자동차가 모든 안전 기능을 제어하고 상태를 모니터링하고 운전자는 목적지 혹은 운행만을 입력. 자율주행 시스템이 안전 운행에 대해 책임

자동차 자동화 레벨 정의

루즈 기술은 고속도로에서 운전자가 설정한 일정 속도를 유지하며 달리면서 자동으로 속도와 앞차와 간격을 조정하는 기술이다.

토요타는 1990년대 후반부터 자율주행 자동차를 연구하여 미국 및 일본의 고속도로 및 일반도로에서 테스트를 진행 중이다. 토요타의 자율주행 시스템은 앞차와 거리를 조정하고 차선 내에서 달릴 수 있는 기술이 적용되어 있다. 2013년 CES에서 선보인 컨셉카는 렉서스LS를 기반으로 하여 휠이나 엑셀의 조작 없이도 속도를 내며, 교통신호, 차와 보행자, 장애물을 감지하는 기능이 있었다.

기업	주요 동향
구글	– 아우디, GM, 혼다 등과 OAA(오픈 자동차 연합)를 결성 – 2015년 말 자사 운영체제인 안드로이드가 적용된 안드로이드카를 선보일 예정 – 구글의 자율주행차 시험주행 거리는 1930만 킬로미터(2015년 말)에 이름 – 타 자동차 업체와 경쟁보다는 자율주행차에 탑재되는 운영 체제 선점이 목적
메르세데스 벤츠	– 2013년 9월 S500 Intelligent Drive 연구 차량으로 100km 시범자율주행에 성공 – 노키아의 위치 정보 서비스인 히어^{HERE}를 이용 – 2020년까지 상용 자율주행차를 가장 먼저 출시하겠다고 선언

볼보	– 2013년 7월 운전자 개입 없이 레이더, 레이저센서, 카메라 등의 장비를 기반으로
	  시속 90km, 차량 간격 최대 4m 이하로 운행할 수 있는 기술을 개발, 시연 완료
	– 2017년까지 자율주행차 100대를 일반도로에서 달리도록 하는
	  드라이브 미(Drive me) 프로젝트를 완성하겠다고 발표

르노	– 더넥스트 투$^{the next two}$로 불리는 자율주행차를 개발 중 (현재 혼잡한 교통 상황에서 30km 속도의 자율주행 가능) – 가격 문제만 해소되면 자율주행차가 2016년 상용화될 것으로 예상
아우디	– 2013년 초 스스로 주차하는 무인주차 기술을 공개 – 2014년 자율주행 기술인 Piloted Driving 기술을 탑재한 제임스 2025를 공개

포드	– 2013년 12월 미시건 대학교 등과 함께 개발한 퓨전 하이브리드 자율주행 연구차를 공개
	– 자율주행에 필요한 주변 지형지도 제작을 위해 라이더^{Lidar} 4대를 설치하였는데,
	  라이더는 초당 250만 회 도로를 스캔, 차선 변경, 장애물,
	  앞차와의 거리 등 정보를 추출, 차량에 전달
	– 포드는 완전한 자동화의 한계를 실험하기 위해 2025년까지 상용화 계획이 없음을 발표

GM	– 2018년 캐딜락에 고속도로에서 교통상황을 고려해 차량 스스로 속도와 간격을 조정하는 슈퍼크루즈Super Cruise라 불리는 반자동 드라이빙 기술을 넣을 것이라고 발표 – 동 기술은 완전 자율주행차로 이행하기 위한 전단계로 평가

닛산	– 2013년 8월 MIT, 스탠포드, 옥스포드, 카네기멜론대학, 동경대 등 대학과 공동으로 개발한
	  리프^{Leaf} 자율주행차(레이더센서, 안내시스템, 카메라, 내비게이션 등 창작)를 공개
	– 리프는 차선 유지/변경, 분기점 진입, 추월, 정체 시 감속,
	  적색신호등 정차 등을 자동으로 수행하는 기능 탑재
	– 자율주행차 상용화 시점을 2020년으로 보고 향후 10년 내 판매 계획을 발표

토요타	– 2013년 1월 자율주행용 시험 모델 AASRV$^{advanced active safety research vehicle}$을 공개 – 안전거리유지 및 차선유지 기능이 결합된 AHDA$^{automated highwqy driving assist}$가 탑재된 자율주행차를 5년 내 출시하겠다 발표

혼다	– 2013년 11월, 2020년까지 자율주행차를 내놓을 계획임을 발표 – 자동운전시스템과 자동주차기술 등 첨단 안전 신기술 공개
현대 · 기아차	– 2012년 초 ASCC[advanced smart cruise control]를 기반으로 한단계 더 발전시킨 고속도로 자율주행 시스템 기술을 개발, 약 2년간 5만 km 시험 주행을 실시. 5년 내 상용화 기대 – 계열사인 현대모비스가 2025년까지 완전 자율주행차 시대를 열겠다는 비전 발표 – HDA 기술, 차선이탈 경보 시스템[LDWS], 차선유지 지원 시스템[LKAS], 후측방 경보 시스템[BSD], 어드밴스트 스마트 크루즈 컨트롤[ASCC], 자동 긴급제동 시스템[AEB] 등과 같은 기술을 확보했으며 주요 양산차에 해당 기술을 적용하고 있는 중 – 현대차는 신형 제네시스가 운전자 없이 고속도로를 주행하는 '무인 호송차' 영상을 공개 – 상용화를 위해 각종 센서를 통해 주변 환경을 파악하는 '인지', 수집된 정보를 바탕으로 주행 전략을 수립하는 '판단', 실제 주행을 구현하는 '제어' 등 세 분야를 중심으로 핵심기술을 독자화하는 작업을 진행

자료 : 정보통신산업진흥원

자율주행차 개발 동향

3 자율주행의 안전성

현재 운전자의 안전과 편의를 위해 개발된 첨단 운전자 보조 시스템 기술들은 레이더 센서와 초음파 센서, 카메라 센서를 기반으로 하고 있으나, 향후 자율주행 시스템을 이루기 위해서는 보다 정교하고 정확하게 상황을 인지할 수 있도록 기존 센서들을 융합하는 센서 퓨전 기술이나 레이저 센서와 같은 새로운 고성능 인지 기술이 필수적이다.

자율주행 자동차의 완성도가 아직 높지 않기 때문에 '아무리 그래도 사람이 운전하는 것에 비하면 위험하지 않을까?'라는 생각이 들 수 있다. 물론 지금 수준으로 상용화가 이루어진다면, 위험성이 크다. 그러나 계속해서 자율주행 시스템의 안전성은 보완되고 있다.

앞으로 자동 긴급 제동Autonomous Emergency Braking, AEB 기능을 탑재하지 않은 자동차는 안전성 평가시 최고점수(별 5개)를 받지 못할 겁니다.

2012년 6월 벨기에 브뤼셀에서 열린 컨퍼런스에서 미하엘 반 라팅겐 유로앤캡European New Car Assessment Program, NCAP 총장은 이 같은 뜻을 밝혔다. 자동차의 안전 성능을 측정하는 유로앤캡의 평가 점수는 유럽은 물론 전 세계 자동차 소비자의 신차 구매에 큰 영향을 미친다. 자동 긴급 제동은 레이더와 카메라를 활용해 전방 자동차의 움직임을 감지하고 위급 상황 시 자동차를 자동 정지시키는 기술이다. 실제로 유로앤캡은 자동 긴급 제동 기능의 탑재 유무와 성능을 평가 점수에 반영하고 있다.

자동 긴급 제동에 대해서 좀 더 자세히 알아보자. 쉽게 말하면 추돌 사고가 날 것 같은 상황에 자동으로 브레이크를 밟아주는 장치를 말한다. 운전자 입장에서 사고가 날 것 같은 상황에 자동차를 멈추는 방법은 참 간단하다. 브레이크 페

자동 긴급 제동 시스템

달을 밟으면 된다. 그런데 운전자가 브레이크를 밟아야 하는 상황인지도 모르는 경우가 있을 수 있다. 졸음운전을 하거나, 잠깐 시선을 딴 곳에 둔다거나 하는 경우처럼 말이다. 이런 경우에 사고의 위험성은 굉장히 높다. 하지만 이런 상황에서 자동차가 운전자에게 경고를 해주거나, 스스로 자동차의 속도를 제어할 수 있게 해주는 시스템이 자동 긴급 제동이다.

4 무인자동차

자율주행 기술이 지향하는 최종 형태의 모습. '무인無人'이라는 표현이 기술의 특성과 다소 맞지 않다는 생각이 들지만, 실제로 두 가지 형태의 자동차 운행 모습을 그려 볼 수 있다. 운전자가 운전대를 잡을 필요 없이 자동차가 알아서 주변 환경을 감지하고 도로를 주행하는 모습과, 원격조종이 가능해 자동차 소유자가 외부에서 콜택시를 부르듯 명령을 내리면 차가 스스로 위치를 추적해 주인이 있는 곳까지 당도하는 모습이 바로 그것이다. 말 그대로 사람의 노력이 투여되지 않고 자동차 스스로가 운행할 수 있는 '인공지능'의 요소를 갖춘 것이 '무인자동차'의 핵심이다.

무인 자동차에 대한 아이디어 구상은 이름난 자동차 기업이라면 확실하게 짚고 넘어가는 콘텐츠다. BMW 역시 CES에서 '무인 주차

자율주행 자동차로 인한 교통 체증 감소

김기윤 씨는 천천히 주차장으로 내려갔다. 그가 차를 세워둔 곳으로 다가가자 문이 저절로 열렸다. 김씨가 운전석에 앉자 액정 화면에서 "좋은 아침입니다. 오늘은 서울에서 5건의 회사 일정이 있습니다. 어디로 안내할까요?"라는 목소리가 흘러나왔다. "회사"라고 짧게 대답하니 "목적지는 회사입니다. 주소는 서울시 강남구 테헤란로 12길 21입니다. 출발하겠습니다." 하며 조용하게 차가 움직이기 시작했다.

이 똑똑한 차는 알아서 주차장을 빠져나와 큰 길로 접어들었다. 그는 계속해서 스크린에 회사 내부 어플리케이션을 띄워 오늘 해야 할 일들의 자세한 내용을 읽었다. 차는 올림픽 대로를 달리고 있었다. 예전 같았으면 이 시간에는 꽉 막혀 있었을 올림픽 대로에서도 속도를 내고 있었다. 그는 '이렇게 안 막히는 올림픽 대로라니, 환상적이야, 예전에는 내가 운전을 하느라 매일 아침 출근길이 전쟁이었는데, 세상 참 좋아졌군.'이라고 생각했다. '아, 맞다. 내 정신 좀 봐.' 그는 다시 스크린에 말을 건넸다. "김영민 씨에게 오늘 회의에 필요한 자료 좀 보내달라고 전해줘." 그녀는 자연스럽게 대답했다. "네 알겠습니다. 메세지를 보내드릴게요."

앞으로 발전된 ADAS 시스템을 이용한 자율주행 자동차가 도입된다면 차량 내부의 제어 기기들 간의 통신, 그리고 차량과 다른 차량 간의 통신을 이용해서 위의 사례처럼 많은 차량들이 몰리는 구간에서 막히지 않도록 차량끼리 서로 속도를 제어하게 된다. 따라서 운전자들의 편의는 향상되고 우리의 일상은 더욱 윤택해질 것이다.

기술'을, 볼보는 2017년까지 자율주행차 100대를 일반 도로에서 주행하는 '드라이브 미Drive Me' 프로젝트를 발표했다. 메르세데스-벤츠사가 공개한 무인 자동차 디자인 구상은 내부가 마치 작은 리무진의 축소판이다. '테이블이 있는 거실'로 잡은 컨셉이 한국인들 입맛에 맞을지는 잘 모르겠지만 좌석이 회전하는 가변 좌석 시스템이 사용되어 함께 탑승하는 사람들이 같이 대화를 나누고 편한 분위기를 조성하는 데 초점을 맞추었다고 한다. 메르세데스 벤츠는 이 차의 내부가 지능형 차량 시스템의 필수적인 부분으로 네트워크에 연결되어 있는 '디지털 생활공간'이라고 정의하고 있는데, 사물인터넷 분야와 기술 접목이 베이스가 된 것으로 보인다. IT 업계의 공룡 '구글'

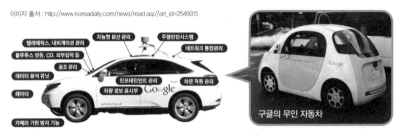

이미지 출처 : http://www.koreadaily.com/news/read.asp?art_id=2549315

구글의 무인 자동차

구글의 무인 자동차의 개념도

의 움직임을 빼 놓을 수 없다. 어찌 보면 구글은 '무인자동차'라는 타이틀을 선점하기 위해 초기부터 가장 빠르게 움직인 기업이다. 솔루션 기반으로 접근했기 때문에 여타 제조업 중심의 업체들보다 빠르게 시장을 선점하겠다는 계산으로 보인다. 구글의 목표는 2017년에서 늦어도 2020년까지 무인운전 기술을 갖춘 자동차를 상용화시키겠다는 것이다. 2014년 발표한 신차는 탑승자가 목적지 주소를 입력한 후 출발 버튼을 누르면 주행하고, 정지 버튼을 누르면 멈춰 서는 매우 단순한 구조다. 이 자동차에는 운전대 · 가속 페달 · 제동 페달이 전혀 없는데, 최고 시속 40킬로미터를 찍을 수 있고 센서와 소프트웨어만으로 동된다.

한편, 세계 최초의 자동운전 트럭이 미국 네바다 주에서 정식 번호판과 운행 허가도 받았다. 2015년 5월 7일(현지시간) 미국 네바다 주 브라이언 샌도벌 주지사는 다임러 계열의 운송업체 '프레이트라이너'의 자동운전 트럭에 번호판을 정식으로 부여했다고 발표했다.

사진 출처: 다임러 홈페이지

인스피레이션 트럭

'인스피레이션 트럭Inspiration Truck'이라는 명칭을 지닌 이 차량은, 상업
용 대형 트럭 중 최초 자동운전 운행허가를 받았고 주 경계 안에 있
는 고속도로에서 시범 운행이 가능하다고 하는데, 흰색 차선에서는
자동운전 기능이 오작동될 우려가 있어 사람이 직접 운전을 해야 한
다. 최근의 신형 자동차에서 적용 사례를 찾아 볼 수 있는 적응식 정
속 주행 시스템ACC; Active Cruise Control과 ABAActive Brakessist 기술을 통해 레
이더를 활용한 속도 및 구간 거리를 자동으로 설정하는 방식을 채택
했으며, 앞부분 유리면에 설치된 카메라가 100미터 범위 내 사물 및
차선 표시를 인식하고, '하이웨이 파일럿Highway Pilot' 시스템을 통해 전
면 레이더와 입체 카메라를 연결해 차선 유지와 충돌 회피 등의 신

호를 감지한다고 한다. GPS 등을 활용한 지리 예측 체계를 보조로 활용하며 이 모든 프로세스는 앞서 언급했던 사물인터넷 개념을 따라 컴퓨팅 처리로 운행된다. 이 인스피레이션 트럭의 경우 시범 운전이긴 하지만 '직접 운행'이라는 영역 확장의 의미 부여를 할 가치 있는 개발로 생각한다.

우리나라의 경우 현대자동차가 2015년 3월에 2015년 신형 제네시스의 신기술을 체험하는 행사를 통해서 무인시스템 기술에 대한 본격적인 출발을 알렸다. 주행 보조 시스템LKAS, 자동 긴급 제동 시스템AES 등 현재 유럽산 고급차에 적용 중인 최신기술을 응용해 운전자가 별다른 조작을 하지 않고도 알아서 차선을 따라 달리면서, 자동차에 부착된 레이더와 카메라가 자동차 및 차선 등을 인지해 브레이크도 자동으로 잡아주는 '자율주행' 기술을 탑재했다. 아직 초기 단계이기에 많은 연구가 필요한 상황이며, 내수용 차량과 해외판 차량의 성능에도 차이가 있다. 또한 완제품 차를 판매하는 제조업 성격을 띤 기업이기에 '가격'과 '디자인', '성능' 요소가 균형을 맞출 때까지 어느 정도 시간이 소요될 것으로 보인다.

'미니 트램'이라는 한국철도기술연구원이 개발한 무인 자동차도 있다. 이 제품이 지닌 독특한 점은 원격호출과 수직이동 성능을 갖춘 세계 최초의 제품이라는 것이다. 자석이 깔린 노선을 따라 이동하는 방식을 사용하는데 시속 60킬로미터 정도로 공항, 철도 서비스에 고객을 태우는 리무진 용도로 활용이 가능할 것으로 추측된다. 2014년 하반기에 선보인 제품이라 시연과 상용화에는 적잖은 시일이 소요될 것으로 보이나 등장 자체만으로도 자동차 산업의 지평이 넓어졌다는 느낌이다.

전 세계 어느 대도시에서든 교통 체증은 이제 일상이다. 더욱이 성질 급한 우리나라 사람들은 1초만 도로 위에서 어물쩍거려도 여기저기서 경적을 '빵빵' 울려댄다. 이런 분위기를 고려하면, 컴퓨터 시스템에 따라 자동차들이 서로의 정보를 교환해 움직임을 파악하고 자동적으로 거리와 속도, 방향을 계산해 원활한 교통 흐름을 형성하는 무인 시스템의 도입은 앞으로 다가올 미래에 큰 기대를 걸게 한다.

미니 트램

이런 점에서 기존의 운전자보다 물리적/정신적 피로도도 감소할 것이 분명하고, 거시적 관점에서 교통 문제나 환경 문제 또한 향상시킬 수 있는 장점은 분명 존재한다. 다만, 모든 일에는 장단점이 함께 존재하는 것처럼, 무인 시스템이 과연 인간들에게 '100% 긍정적인' 모습으로만 비춰질지에 대해서는 심도 있는 고민이 필요할 것이다.

5 자율주행의 문제점

미국 FBI는 자율주행 자동차가 치명적인 무기가 될 가능성을 우려하고 있다. 정보 공개 요청에 따라 영국 《가디언》이 입수한 문건에 의하면, 자율주행 자동차는 법을 집행하는 쪽은 물론 무법자에게 편리한 쪽으로도 변형이 가능할 것으로 우려하고 있다. 왜냐하면, 경찰이 차를 향해 총을 쏘더라도 아랑곳 하지 않고 프로그램된 대로 범죄가 수행될 수 있기 때문이다. 또한 테러리스트가 폭발물을 차에 싣고 원하는 곳까지 원격조종해 폭발시킬 가능성도 있다. 더 이상 자살폭탄테러가 필요 없어지는 셈이다. 비록 현재 자율주행 자동차는 교통 신호와 속도 제한을 지키도록 만들어져 있지만, 결국 이 시스템은 해킹 당하거나 덮어쓰기를 통해 바뀔 수 있다.

반면 긍정적인 면을 보면 차를 감시하기가 비교적 쉬워진다는 장점은 있다. 차의 이동 경로가 파악 가능하기 때문에 들키지 않고 적

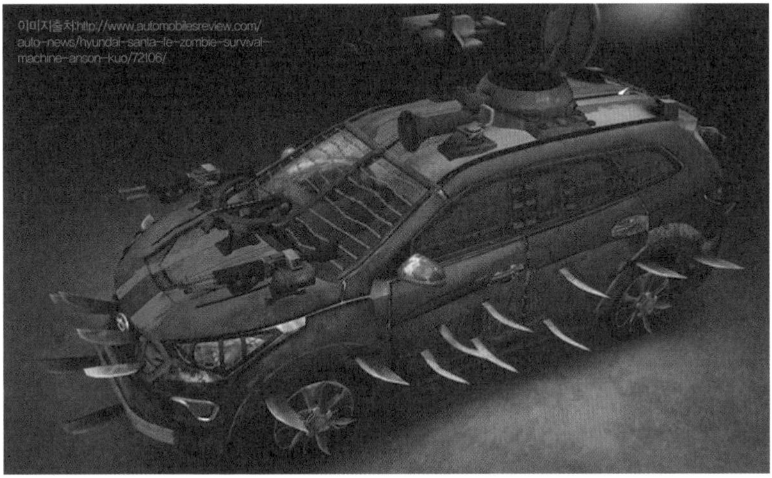
이미지출처:http://www.automobilesreview.com/
auto-news/hyundai-santa-fe-zombie-survival-
machine-anson-kuo/72106/
테러무기로 사용 가능성이 있는 자율주행차의 예

절한 거리를 두고 쫓아다닐 수 있는 것이다.

어쨌든 당장 무기로 활용될 가능성은 낮아 보인다. 현재까지 가장 앞서 있다는 구글의 자율주행 자동차는 최고속도가 40km/h에 불과하기 때문이다. 그렇지만 무기가 될 가능성에 대한 위험은 여전히 존재한다.

또한, 사고가 났을 때 책임 소재가 어디에 있는지 알 수 없기 때문에 제조사와 보험사 간의 책임 문제에 대한 공방이 심화될 가능성이 높다. 단순한 예로, 기존에 보험사에선 운전자의 사고 기록에 비례해서 보험 제품의 가격과 처리비용을 매겼는데, 만약 무인운전 시스템 차가 사고가 나면 기존 보험 약관으로는 기계가 사고 원인이 되므로 책임 소재 부분에서 제조사와 보험사 간의 마찰이 생길 여지가 농후하고, 사고 후 비용처리도 문제가 될 수 있다. 또한 역설적으로, 안전도의 증가에 따라 교통사고를 비롯한 자동차에 위해가 갈 수 있는 요소가 확연히 줄어들게 된다면, 수리 받는 자동차들이 준다는 점에서 자동차 부품업계에 큰 타격이 갈 것이라는 예측도 가능하다. 마지막으로 모두가 쉽게 예상할 수 있듯이 인력으로 수행해 오던 물류, 유통업, 대중교통 운전자의 일자리가 전부 자동운전 방식으로 대체되면 또 하나의 큰 직업군이 줄어들게 되어 경제학적 측면도 고려해야 한다. 새로운 제품, 혁신적인 제도 모두 자리 잡기까지 사회적인 조율이 필요한 만큼, 소비자인 우리 입장에서는 시간을 두고 조용히 지켜보면서 현명한 소비를 할 수 있도록 우선 관련 지식과 정보를 쌓아나가는 것이 최선의 방법이다.

6 자동차가 하늘을 날아다니는 시대

라이트 형제가 하늘을 나는 꿈을 실현시키고자 동네 언덕에서 무수히 많은 시행착오 끝에 첫 비행기를 생산해낸 지 100년의 시간이 흘렀다. 통신 기술의 비약적 발달로 정보 전달의 측면에서 전 세계가 1일 문화권으로 재편되었지만, 물리적 공간을 오가는 이동 수단의 측면에서 항공 산업이 가지는 중요성은 실로 막대하다. 한 목적지에서 출발한 비행기가 넓은 바다를 건너 전 세계 어느 지역으로든 빠르게 뻗어 나갈 수 있다는 사실은 기본 민간 서비스부터 물류 수출입에 이르기까지 사회/경제적 측면에서 결정적인 산업적 가속도로 작용했다. 그런데 100여 년간 이어진 '항공 산업'에 대한 색다른 도전이 시작되는 듯하다. 흔히 SF 영화에서 자주 보았듯이 '하늘을 나는 자동차'에 대한 실용화 작업이 진행 중이다. 영화 「E.T.」에서 밤하늘을 가로지르는 자전거를 타는 아이들을 본 1980년대에는 '상상'으로 통했을 주제가, 이제는 '자동차'로 비행을 할 수 있는 세상에서는 현실이 되는 분위기다.

비행 자동차의 출시 예정 소식은 2010년경부터 꾸준히 들리기 시작했다. 항공 자동차 제조 전문 업체 테라푸기어^{Terrafugia}는 벌써 발표를 통해 두 가지의 제품을 선보였다. 먼저 2012년 4월에 열린 뉴욕국제오토쇼에서는 2인승 경량 스포츠 비행차인 '트랜지션^{Transition}'

자료 출처 : 테라푸기어 홈페이지

테라푸기어 트랜지션

을 내놓았는데, 땅에서는 승용차와 마찬가지로 일반 주유소에서 가솔린 휘발유를 채워서 운용할 수 있으며, 1L당 15킬로미터의 연비를 기본으로 시속 115킬로미터까지 출력할 수 있고 하늘에 올라가면 최대 190킬로미터까지 속력을 낼 수 있다. 비행차의 시제품 성격으로 개발한 모델인데, 아무래도 출력 특징을 보면 하이브리드 자동차처럼 한 분야에서 진전을 위한 과도기적 단계로 의미를 두는 것으로 보인다.

4륜 베이스를 기본으로 접이식 날개 파트를 장착했고 집 차고에 보관할 수 있다. 무엇보다도 미국 교통부의 승인이 떨어져서 일반 도로에서도 고속주행이 가능하며 별도의 운반 장치 없이도 최대 이륙 중량 약 650킬로그램으로 미연방항공청FAA의 중량 제한(600kg) 면제를 받아 경량항공기로 시판에 나설 수 있게 됐다. 2009년 3월 약 420미터 높이의 상공을 8분간 비행하는 시운전에 성공했고, 2012년 4월 뉴욕 주 플래츠버그 국제공항에서 112킬로미터 속도로 안전 비행에도 성공했다. 체공 시간은 아직 걸음마 수준이지만 얼리어답터들의 욕구를 자극하기에는 충분했던 모양이다. 당시 약 100명이 제품 출시 후 선착순 구입을 위해 1만 달러를 예치했다. 1대당 가격이 대략 15만 달러(약 1억 9천만 원)였는데, 이 정도 금액이면 고사양 스포츠카 한 대는 너끈히 뽑을 수 있는 가격이다. 일반 자동차 운전면허증으로는 운전 자격이 주어지지 않고, 항공기 조종사 자격과 규정 시험 및 20시간 비행 교육 과정을 반드시 이수해야 한다.

트랜지션을 내놓은 지 정확히 2년 좀 지나, 2015년 5월 7일, 신제품 'TF-X' 시판에 대한 기사가 떴다. 4인승 하이브리드 자동차 컨셉으로, 전작인 트랜지션이 비행을 위해서는 일반 경비행기처럼 활주로 비슷한 에너지 출력 공간이 필요한 반면, TF-X는 수직 이착륙이 가능해 별도의 공간 없이 헬리콥터처럼 비행을 시작할 수 있다. 테라푸기어 측에 따르면 'TF-X'는 일반 자동차의 플랫폼과 운영 방식을 참고해 만들었기 때문에 운전 경력이 있는 사람이면 하루 정도 트레이닝 후 쉽게 조작이 가능하다고 한다. 아직 개발 단계에 있는 제품이기 때문에 제품에 대한 상세한 정보가 완전히 공개된 것은 아니지만, 최고출력 300마력의 엔진 한 개와 600마력의 전기모터 두 개를 탑재할 것으로 전문가들은 보고 있다. 비행 시 최고 속력 322km/h까지 도달 할 수 있으며 1회 충전으로 805킬로미터를 가는

자료 출처 : 테라푸기어 홈페이지

테라푸기어 TF-X

효율도 지녔다.

특히 전작인 트랜지션에 비해서 좀 더 차별되는 부분이라면, 비행 이륙과 착륙의 경우 자동 처리 시스템을 통해서 명령할 수 있어서 초보자도 조종할 수 있다는 점이다. 칼 디트리히 테라푸기어 CEO는 다음과 같이 TF-X에 대해 언급했다.

TF-X는 인공지능 기술을 접목해 쉽게 운전할 수 있는 자동차. 비행기보다 더 간편하고 안전하게 날 수 있고, 정밀한 내비게이션과 자동항법장치를 갖춰 조종사 면허가 필요 없다.

안전 운전 시스템을 기반으로 주요/예비 착륙지를 운전자가 직접 선택하고, 설정한 곳에 도달하기 어려운 상황이 되면 30분 이내에 도착할 수 있는 제3의 경유지를 자동으로 찾아준다. 비행시 갑작스런 사고나 신체 이상으로 인해 운전자로부터 신호나 반응을 감지하지 못할 경우 비상 자동 착륙 기능이 시스템에 포함됐고, 탈출용 낙하산도 들어 있다. 고도를 이탈했다거나 정해진 법적 비행 경계선 안에서 안전 비행 중인지의 여부도 자동으로 체크해 주고, 착륙지가 적합하다고 인식되기 전까지는 이륙 자체가 불가능하도록 설계되었다. 가격은 아직 알려지지 않았으며 2016년쯤 시판될 가능성도 있는 것으로 알려졌으나 완제품 개발은 10년 정도 시간이 더 소요될 것으로 예상된다. 어쨌든 지금의 상황으로 추측할 수 있는 단 한 가지는 트랜지션보다 훨씬 더 비싸게 판매될 것이라는 것뿐이다.

비행차에 대한 접근은 비단 테라푸기어만의 독점 프로젝트는 아니다. TF-X 개발 기사가 난 시점과 비슷하게 2015년 5월경, 슬로바키아의 에어로모빌AeroMobil 사가 2017년을 목표로 '하늘을 나는 슈퍼카'를 표방하는 비행 자동차 '에어로모빌 3.0'을 출시할 계획을 세계 최대 창조산업 컨퍼런스인 '사우스바이사우스웨스트SXSW 2015' 행사에서 발표했다.

지난 25년간 열심히 연구해 플라잉카 기술을 충분히 확보했고 그 결과 실생활에서 이용할 수 있는 첫 번째 모델을 2017년쯤에 공개할 예정이다.

알려진 성능은 앞서 언급했던 테라푸기어 시리즈와 크게 다르지는 않으나, TF-X가 보유한 수직 이륙 기능이 없기에 200미터 정도의 이륙 거리가 필요하다는 차이는 있다. 오히려 경제성 측면에서는 경쟁력이 있을 수 있다. 일반 가솔린을 이용해 비행거리도 700킬로미터에 이를 뿐 만 아니라, 자동차 상태로 달리면 875킬로미터까지 주행이 가능해, 도로와 비행 주행 모두를 고려하면 확실히 이점이 있다. 에어로모빌 3.0의 판매가격은 19만 4000달러(약 2억 원)로 예상되며 이후 4인승 대중용 모델은 물론, 미래에는 파일럿이 필요 없는

에어로모빌 3.0

완전 자동 조종 비행도 계획하고 있는 것으로 알려졌다. 다만 시제
품 테스트 비행에선 비행에 필요한 장비는 물론 낙하산 등 안전 관
련 장치를 탑재하고 있었지만, 완제품 출시에는 연비와 성능에 영향

을 끼치는 '경량화' 여부가 중요하기 때문에 차체 무게를 최소화하면서도 안전해야 한다는 과제가 남아 있다.

플라잉카Flying car, 즉 비행 자동차 개발은 대체적으로 2000년대 중반부터 현실적인 접근을 시작했지만 각 나라마다 상이한 안전통제 시스템, 비행용과 주행용 모두를 만족시킬 수 있는 타이어와 유리 및 기타 부품의 제조 여부 때문에 상용화는 고사하고 개발 과정에서 벽에 부딪치기 일쑤였다. 하지만 우리가 익히 경험해 온 바대로, 기술적인 난제들은 과학적 진보에 따라 충분히 극복이 가능하다. 그렇다면 우리가 해야 할 일은 이러한 새로운 기술과 제품들이 탄생했을 때 생겨날 결과를 예측해 미래 사회의 역량을 가늠해 보고, 제품의 발전이 사회에 가져다 줄 긍정적 효과를 상상력을 통해 즐기는 행복을 누리는 것이 아닐까?

7 더 먼 미래의 자동차에 대한 상상

'미래'라고 하면 얼마나 먼 미래일까? 아마 여태까지의 스마트카만 해도 아직 와 닿지 않는 미래라고 생각할 수도 있지만, 그보다 더 먼 미래에 대해서도 한 번 생각해 볼 필요가 있다.

미래에는 어떤 방식으로 여행을 하게 될까? 날아다니는 자동차가 대중화된다면, 아마도 유명한 여름철 휴양지의 하늘에는 벌떼처럼 플라잉카들이 날아다니고 있을지도 모르겠다. 아니면 자동차는 알아서 움직이고 휴양지까지 가는 내내 가족들과 마주 앉아 영화 한 편을 보고 있을지도 모른다. 이렇게 미래에 대한 여행을 '이동성의 미래Future of Mobility'라는 주제로 런던 디자인 페스티벌에서 자동차 디자인이 어떻게 진화해갈지에 대한 아이디어들을 선보였다. 언제 어디서나 실현 가능한 유비쿼터스 증강 현실에서부터 장거리 우주여행에 이르기까지 다양한 전시 작품들이 나왔다.

우선 알렉산드라 데이지 긴스버그Alexandra Daisy Ginsberg란 디자이너는 지속가능한 생산을 모토로, 생물학적 재료로 자동차를 만드는 콘셉

긴스버그의 바이오자동차 미니어처들

트를 내놨다. 자원집약적인 지금의 금속, 플라스틱 대신 생분해되는 바이오 물질을 이용해 자동차를 만들자고 제안했다. 바이오 자동차 시대의 자동차 생산업체 회사들은 더 이상 완성된 차를 생산하지 않는다. 튼튼한 차체의 틀을 만들어 공급하면 된다. 그 섀시 위에 그 지역의 기후나 지역주민의 기호, 유행 흐름에 맞는 바이오 물질로 덮개를 씌워 차의 외관을 완성하면 된다. 차 덮개는 맘만 먹으면 언제든지 다른 것으로 바꿀 수 있다.

긴스버그는 이런 콘셉트에 따라 세대별, 기후별 특성에 따라 취향에 맞게 고를 수 있도록 방대한 자동차 모델 생태계가 필요하다고 말한다. 이를 위해 그는 112개의 미니어처 카를 제작해 공개했다. 그는 "우리가 물건을 만들고 재활용하는 방식이 어떻게 변할 것인지를 상상해보는 것이 이 프로젝트의 의미"라고 말한다.

미술가 도미니크 윌콕스Dominic Wilcox는 유리로 된 무인자동차 디자인을 선보였다. 그는 미래엔 컴퓨터로 작동하는 완전 자동주행 자동차만이 도로를 달리는 상황을 가정했다. 그렇게 되면 자동차 충돌 사고가 일어날 가능성은 사라지고, 그에 따라 에어백, 범퍼 같은 지금의 안전장치들도 무용지물이 될 것이다. 이는 자동차 디자인의 중요한 제약 조건 중 하나가 사라지는 것이다.

디자이너는 이제 자동차 외양과 재료를 설계하는 데 아무런 제한을 받지 않는다고 한다면, 자동차를 유리로 만들어도 되지 않을까?

월콕스의 스테인드 글라스 무인 슬리핑 카

그는 2059년의 모습을 상상해 보았다고 한다. 2059년의 미래를 상상해 그린 이 차의 외부는 스테인드글라스로 치장돼 있다. 내부엔 안락한 침대 하나만 덩그러니 있을 뿐이다. 차가 스스로 알아서 목적지까지 데려다주니 탑승자는 차 안에서 목적지에 도착할 때까지 편안히 잠을 자거나 누워서 휴식을 취하라는 얘기다. 무인 자동항법 시스템도 하나의 모듈에 탑재돼 큰 공간을 차지하지 않는다. 월콕스는 더럼 대성당Durham Cathedral의 스테인드글라스 장식에서 디자인 영감을 얻었다고 한다. 침대 말고 주방, 사무실, 욕조 등 다른 편의시설을 갖추는 것도 얼마든지 생각해 볼 수 있다. 사람들은 이제 차를 소유하지 않고 그때그때 필요한 편의시설을 갖춘 차를 골라 이용한 뒤 반납하면 된다. 물론 차의 외관도 필요한 기능에 맞춰 다양하게 만들 수 있다.

마쓰다 게이이치Keiichi Matsuda는 초현실 개념의 자동차를 제안했다. 그는 실시간으로 수집되는 내비게이션, 도로 신호 등의 디지털 정보가 물리적 세계와 중첩되면서 만들어내는 증강현실 세계가 만들어내는 새로운 차원의 내비게이션 기술을 탐구했다. 그는 콜롬비아의 도시 메데인 거리를 무대로 증강현실 내비게이션 시스템 작동 동영상을 만들어 보여줬다. 미래엔 증강현실이 언제 어디서나 이용할 수 있는 기술로 보편화될 것이라는 데 착안한 발상이다. 증강현실 내비게이션에서 도시의 건물과 시설은 그냥 서 있는 정적인 물체가 아니라, 최신 업데이트 정보를 끊임없이 주고받는 살아 있는 물체다. 하지만 다른 측면에서 보면, 이는 사람들이 실제 세계가 아닌 증강현실에 지배당하는 모습으로도 비친다.

이미지출처:http://www.motorvision.de/news/london-design-festival-2014-designjunction-frontiers-the-future-of-mobility-200743.html)

마쓰다 게이이지의 증강 현실 네비게이션

여러분이 상상하는 대로, 여러분이 원하는 대로 자동차가 변한다면 어떨까? 어떻게 하면 먼 미래의 기술이 사물과 사람간의 관계를 더 인간적으로 가깝게 만들 수 있을까? 예를 들면 사람과 눈빛으로 얘기를 하듯 사물과 사람 간에 상호 이해가 가능한 것이다. 인간은 사물을 이해할 수 있지만, 사물은 아직 인간을 이해하지 못한다. 그러나 먼 미래에는 사물이 인간의 노력을 알아주고 인간을 이해할 수 있지 않을까? 그렇게 되면 자동차도 인간과 교감을 할 수 있을까? 할 수 있다면 어떻게 교감할 수 있을까? 커넥션이 점점 더 확대되어 인간과의 교감이 가능해질까? 이러한 관점에서 접근한 자동차의 개념이 '휴먼 머신 인터페이스'이다. 어큐라Acura라는 회사에서 제안하는 먼 미래의 자동차가 이러한 것을 잘 설명해주고 있다.

탑승자가 차 안 좌석에 앉으면, 좌석이 탑승자의 촉감에 어울리게, 그리고 상황에 맞게 편안한 자세와 상태를 지속할 수 있게 변화

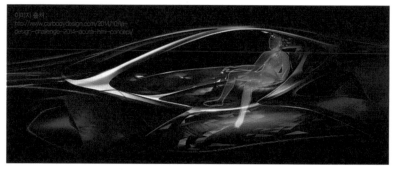

어큐라의 휴먼 머신 인터페이스 콘셉트

운전자의 주행 습관 교정

S전자 스마트카 사업부 임원인 A씨는 요즘 최신 자동차를 구매했다. 이 자동차는 신기하게도, 좌석에 앉자마자 A씨의 신체 세포 분석을 끝내고, 운전자의 습관을 모두 파악했다. 이게 가능한 이유는 바로 생체 인식과 반복 사용 인식 기술 때문이다. A씨가 이 자동차를 구매한 이유는, 얼마 전 A씨가 교통사고를 당할 뻔했기 때문이다. 우회전 차선으로 진입하기 위해서 차선을 변경하는데, 깜빡하고 우측 전조등을 켜는 것을 잊어버렸다. 이것은 A씨의 오래된 운전 습관인데, 좀처럼 고쳐지지 않는다. 여태까지는 위험한 상황이 없었고, 오래된 습관이라 본인조차도 인식하지 못하고 있었다. 하지만 최신 자동차는 생체 인식과 반복 사용 인식 기술을 이용해 운전자의 사소한 운행 습관을 모두 알아낼 수 있다. 그렇기 때문에 이러한 습관들이 나타나더라도 자동차가 저절로 우측 전조등을 켜주어 이를 보완해준다.

생체 인식 기술과 반복 사용 기술은 운전자들의 습관을 인식하고, 이를 통해 실생활에서 사람들이 자주 깜빡하게 되는 운전 습관들을 개선해줌으로써 운전자의 주행 시 안전을 보장해준다.

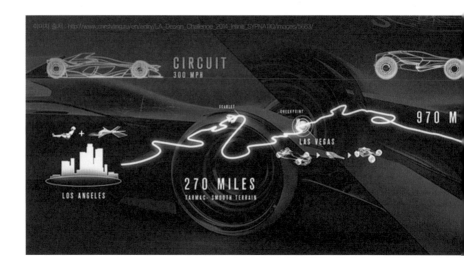

한다. 또한, 자동차의 외형이나 내부를 그물망 구조의 유연한 모양을 띠는 소재를 이용해서 탑승자의 선호에 맞게 변화한다. 특히 생체 인식과 반복 사용 인식 기술을 이용해서, 운전자의 습관을 인식해 자연스럽게 요구사항을 판단하고 자동차의 구성을 변화시킬 수 있다고 한다.

혼다의 카펫 콘셉트카는 내부 공간에 2가지의 핵심적인 요소가 존재한다. 첫 번째는 카펫이다. 이 카펫은 매우 유연한 플랫폼이다. 게다가 이 유연성으로 인해서, 탑승자들이 원하는 방식으로, 아무런 제약 없이 변할 수 있다. 마치 라텍스매트나 침대처럼 편안함을 가져올 수 있는 것이다. 운전자들은 이와 같은 변화로 인해, 좀 더 즐

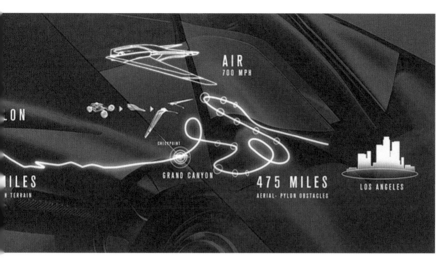

거운 운전 경험을 할 수 있을 것이다. 두 번째는 볼이다. 볼은 닫힌 형태로서 사용자가 음성과 손 접촉, 몸동작으로 자동차를 제어할 수 있는 인터페이스를 가능하게 했다. 액티브 모드를 사용하면 운전자는 스티어링 휠 대신 볼을 굴려서 운전을 할 수 있고, 자동차는 운전자의 명령을 인식해 최적의 상태를 유지한다.

철인 3종 경기는 육상의 최고봉으로 꼽히는 종목이다. 인간의 체력의 한계에 도전하는 경기로 달리기, 수영, 사이클 3가지 종목을 각각 42.195킬로미터, 3.8킬로미터, 180킬로미터를 17시간 안에 완주하면 철인iron man이라는 칭호가 주어진다. 그런데 이런 철인 3종 경기를 자동차에 접목시킨다면 어떨까? 샌디에이고에 있는 인피니티

HMI 홀로그램 GUI

디자인 스튜디오에서는 2014년 LA 디자인 챌린지에서 철인3종경기의 콘셉트를 빌려 새로운 자동차 레이스 방식을 제안했다. 인피니티는 2029년에 'A.R.C 레이스'라 불리는 사막 랠리, 서킷 주행 그리고 비행까지 3가지의 방식으로 하는 레이싱 스포츠라는 개념을 제안한다. 이 개념은 F1 포뮬러, 오프로드 차량, 그리고 제트엔진을 장착한 비행기, 이 세 가지의 레이스용 머신들을 이용한다.

인피니티 시냅틱SYNAPTIQ의 기술은 우리가 현재 실제로 볼 수 있는 3D 홀로그램과 웨어러블 기술의 다음 단계인 홀리스틱 시스템이다. 이 시스템의 일부가 공생 유저 인터페이스 기술인데, 운전자가 특수 제작된 수트를 입으면, 척추의 전기 신호와 자동차의 콕핏과 연결되어 차량과 인간의 상호 작용이 가능하다. 즉, 운전자의 뇌에서 나오는 전기 신호에 의해 자동차가 인간의 의도를 곧바로 알아차리고 속력과 방향 등을 조절한다는 것이다. 이러한 교감을 통해 더 직관적으로 자동차와의 소통이 가능해진다는 점. 한 번쯤은 다시 생각해볼 필요가 있다.

- 스마트 윈도우

스마트 윈도우란 외부에서 유입되는 빛의 투과도를 조절하여 쾌적한 환경을 제공할 수 있는 능동 제어 기술을 의미하며 수송, 정보 디스플레이, 건축 등 다양한 산업 분야에 공통적으로 적용될 수 있는 기반

이미지 출처 : http://www.dmdisplay.com, http://www.gentex.com

스마트 윈도우가 적용된 예

기술이라 할 수 있다. 간단한 조작만으로도 순간적인 상태 전환을 유도할 수 있고 다양한 고급 편의 기능을 부여할 수 있기 때문에 자동차의 고부가가치화를 위해 활발한 응용 전개가 이루어질 것으로 기대된다.

자동차용 스마트 윈도우는 운전석 및 조수석 유리, 선루프, 선바이저 이외에도 광학적 변조 효과가 요구되는 부품에 적용될 수 있다. 에너지 절감형 스마트 윈도우의 기능이 태양광 투과도의 능동적 조절을 통해 이루어진다는 점과 태양전지와 결합 가능성이 매우 높

다는 사실을 고려하면 장기적으로는 신재생 에너지 산업과 더불어 미래형 친환경 자동차 시장을 주도하는데 있어서 한 축을 담당할 것으로 기대된다. NREL^{national renewable energy laboratory}보고서에 따르면 능동 제어 방식 스마트 윈도우는 여름철 냉방 시 10~25% 정도의 에너지 절감 효과가 있고, 낮 시간 주차 시 자동차 내부의 온도 상승을 억제시켜 쾌적한 운전 환경을 유지할 수 있다.

몇몇 완성차 업체에서는 스마트 윈도우 개발에 대한 연구를 꾸준히 진행하여 이미 일부 모델에 적용하기 시작하였고 국내에서도 2012년부터 스마트 윈도우 부품이 장착된 자동차가 시판되고 있다. 하지만 스마트 윈도우 기술은 국내외적으로 제품/서비스가 출시된 지 얼마 안 되는 단계로서 제조 비용과 기술력의 한계로 인하여 여전히 사용 분야에 많은 제한을 받고 있는 상태이다. 스마트 윈도우 부품의 조기 정착과 안정적인 시장 확보를 위해서는 장착 및 구동에 따른 가격적인 문제, 소비전력, 구동 속도, 내구성 및 수명 문제 등의 현안이 우선적으로 해결돼야 할 것으로 보인다.

- 헤드업 디스플레이

헤드업 디스플레이 기술은 자동차의 전면 유리에 주행 정보나 주변 상황에 대한 정보를 표시하여 안전성과 성능을 동시에 향상시킨 시스템을 말한다. 1960년대 항공기 조종사의 시계 확보와 고속 비행

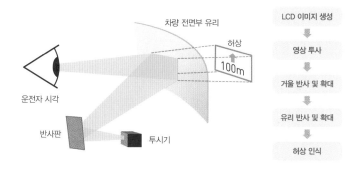

차량 전면부 유리

허상

100m

운전자 시각

반사판

투시기

LCD 이미지 생성

⬇

영상 투사

⬇

거울 반사 및 확대

⬇

유리 반사 및 확대

⬇

허상 인식

헤드업 디스플레이의 구동 원리

중 필요한 정보를 전달해 줄 목적으로 개발이 시작되었으나 최근에는 자동차 사고 방지와 운전 효율 향상을 위한 목적으로 그 활동 영역이 넓어지고 있다. 운전자의 시각적 방해를 최소화하면서 계기판(속도, 주행거리, 연료 잔량, RPM 등)과 주변 장애물에 대한 정보를 쉽게 파악할 수 있기 때문에 운전자의 주의 분산에 따른 교통사고를 미연에 방지할 수 있다.

 HUD 장치는 크게 LCD 패널, 백라이트 유닛, 반사 렌즈로 구성되어 있다. 내부 시스템에서 전달되는 주행 정보를 디스플레이가 가능한 데이터로 변환하는 과정을 거친 후, 생성된 이미지를 광원을 통해 투사시키면 반사와 오목 거울을 거치면서 상이 확대되고 시야에 들어오게 된다. 이때 앞쪽으로 기울어진 유리창 표면에 이미지가 나타나는 것이 아니라 운전자의 눈과 거의 수직 상태로 비쳐 마치 영상이 떠 있는 것처럼 느껴진다. 디스플레이 소자로 개발 초기에는 CRT가 주로 사용되었으나 1990년대 이후부터 트랜지스터 액정(TFT-LCD)을 사용하여 영상을 표시하고 있다. 가까운 미래에는 이보다 광효율이 우수한 아몰레드AMOLED 방식으로 대체될 것으로 보인다. 전면 유리 전 영역에 걸쳐 다양한 정보를 표시할 수 있는 디스플레이 개발이 최종적인 목표지만 이를 위해서는 곡률에 대한 광학적 설계와 이중상 생성으로 인한 흐릿함(초점), 낮은 해상도와 시야각의 협소함 문제 등이 우선 해결돼야 한다.

헤드업 디스플레이HUD 기술이 탑재된 차종이 이미 출시되어 있으며 대표적인 완성차 업체로는 GM, BMW, 토요타, 푸조 등을 들 수 있다. GM사는 1988년 세계 최초로 커틀러스 모델에 HUD 기술을 적용하였고, 1998년에는 쉐보레 콜벳 C5에 TFT-LCD 기술을 도입하면서 선명한 컬러 디스플레이를 구현하였다. 캐딜락의 간판 모델인 드빌De Ville은 어둠 속에서도 물체를 식별할 수 있는 나이트 비전night vision 장치를 2000년형 모델부터 도입함으로써 야간 운전 시 발생할 수 있는 사고를 방지할 수 있도록 설계하였다. 비록 GM에 비해 4년 늦게 개발에 착수하였으나 BMW사는 HUD 부분에서 가장 앞선 기술력을 보유한 것으로 알려져 있다. 2003년 유럽의 완성차 업체 중 최초로 '5시리즈'에 HUD를 탑재한 이후, '3시리즈'와 '6시리즈'로 적용을 확대하고 있다. 2011년 말에는 전면 유리 대부분을 활용한 차세대 HUD 기술을 시연한 바 있다.

토요타 렉서스 사에서는 운전대에 장착된 버튼을 이용하여 전면 유리에 비치는 영상의 위치와 밝기를 자유롭게 조절할 수 있도록 설계하였고, 푸조 사에서는 자동차 속도, 내비게이션 등 주행 정보를 전면 유리에 투영시킨 장치를 탑재해 판매하고 있다. 메르세데스-벤츠 사에서는 2015년에 출시된 'S클래스'와 'C클래스' 모델에 HUD를 장착해 판매하고 있다.

해외 완성차 업체에서는 HUD를 장착한 자동차의 비중이 점차 증가하는 추세이나 국내에서는 여러 가지 요인으로 인하여 보급화가 아직은 미진한 상황이다. 2012년부터 기아자동차의 K9 모델에 HUD 장치가 탑재되어 차량 속도, 도로주행 시 경계 사항, 내비게이션 방향 표시, 차선이탈 경보 안내와 같은 정보를 제공하고 있다.

- 주행스케줄 관리 시스템

가솔린차가 외부에서의 가솔린만 받으면, 어디든 갈수 있는 개념이라면, 전기자동차는 오히려 시대가 발전하면서, 외부의 전원이라는 종속 요소가 존재한다. 따라서 충전을 위해서 어딘가에 매여 있어야 한다면, 어딘가를 본거지로 삼는 개념이 좀 더 강해질 것이고, 앞서 말한 카쉐어링적 요소는 더욱더 커질 것이다.

그러기에 미래차를 연구하는 학자들과 실무연구가들 사이에 많은 논의가 있는 것은 주행스케줄 관리시스템이다. 이는 자동차 공유, 즉 공동소유 내지는 무소유를 전제로 하면서 스케줄만 맞는다면 눈 앞에 있는 차를 타기만하면 되는 시스템을 상정한다.

이는 충전이나 공유 이용을 자동차에 한정해서 보는 개념이지만, 이를 도로의 사용까지도 확장해서 보면 더 눈이 휘둥그레지는 결과가 나올 수도 있다. 「미션임파서블」이나 「제 5원소」 같은 미래영화를 보면 엄청나게 많은 자동차들이 하늘을 날아다니듯이 빠른 속도로 주행을 하면서도 절대로 부딪치지 않는 광경을 본 적이 있을 것이다. 그것은 바로 중앙에서 컨트롤 하는 주행스케줄관리 시스템이 도입된 결과가 된다. 마치 현재에도 많은 양의 기차나 지하철이 운행되면서도 충돌이 일어나지 않는 것처럼 말이다. 물론 이는 슈퍼컴퓨터의 도입, 엄청나게 많은 메타관리 시스템이 수반되는 상황이어야만 가능한 것이다.

자동차의 미래는 이렇듯이 끝을 모르고 예측이 힘들다. 이 시대에 우리는 어떻게 살아나갈 것인가?

http://www.etoday.co.kr/news/section/newsview.php?idxno=1130555
한국자동차공학회, 「2030년 자동차 기술 전망」, 한국자동차공학회, 2010

고형광 기자, "LG화학, 전기車 배터리 '독주'", 〈아시아경제〉, 2015.04.03
Http://view.asiae.co.kr/news/view.htm?idxno=2015040216005609601

김성준기자, "2030년까지 전기자동차 보급률 100%… '탄소제로 섬'으로", 〈세계일보〉, 2015.4.10.,
http://news.naver.com/m ain/read.nhn?mode=LSD&mid=sec&sid1=102&oid=022&aid=0002812297

김병용 기자, "제주 전기車 보급사업 승자는 '기아차'", 〈파이낸셜뉴스〉, 2015.04.17.,
http://www.fnnews.com/news/201504171756131878

김수경 기자, "저유가 불구 "전기차 잘나가네"… "전 세계 월 판매 4만대 돌파"", 〈뉴데일리〉, 2015.04.16
http://biz.newdaily.co.kr/news/article.html?no=10071234

http://www.carbodydesign.com/2014/11/la-design-challenge-2014-infiniti-synaptiq-concept
심민재기자, "테라푸기어 하늘을 나는 자동차 트랜지션에 이어 TF-X 개발중", 〈코리아데일리〉, 2014.05.02.

"http://www.ikoreadaily.co.kr/news/articleView.html?idxno=80787"
김인순 기자, "하늘을 나는 자동차 'TF-X' 현실서 판매", 〈전자신문〉, 2015.05.07.

"http://news.naver.com/main/read.nhn?mode=LSD&mid=sec&sid1=004&oid=030&aid=0002218983"

http://auto.daum.net/cartest/review/read.daum?articleid=151076&bbsid=27

이지용기자, "무인차시대…사고나면 누구한테 책임 묻나" 보험사 한숨, 〈매일경제〉, 2015.03.05.
"http://news.naver.com/main/read.nhn?mode=LSD&mid=sec&sid1=101&oid=009&aid=0003430129"

정혁 기자, "무인자동차, 더 이상 상상 속 이야기가 아니다", 〈오마이뉴스〉, 2015.05.09.
"http://news.naver.com/main/read.nhn?mode=LSD&mid=sec&sid1=103&oid=047&aid=0002087833"

"무인차 도로 하반기 시험운행, 美서 세계 최초 자동운전 트럭 등장",〈한국경제〉2015.05.09.
"http://news.naver.com/main/read.nhn?mode=LSD&mid=sec&sid1=103&oid=011&aid=0002680206"
http://auto.naver.com/magazine/magazineThemeRead.nhn?seq=7833

http://navercast.naver.com/magazine_contents.nhn?rid=1421&contents_id=48973

"MIT 선정 혁신 기술 ③차량 간 통신", 〈머니투데이〉 2015.4.14.
http://www.mt.co.kr/view/mtview.php?type=1&no=2015032716020998412&outlink=1

김태우 기자,"저절로 가는 현대 제네시스, "무인자동차 미래를 경험하다"", 〈미디어펜〉, 2015.03.30.,
"http://www.mediapen.com/news/articleView.html?idxno=70303"

배준호. "테슬라, '모델S' 소프트웨어 대대적 업데이트⋯시장반응은 냉담", 〈이투데이〉, 2015.3.20.
http://www.etoday.co.kr/news/section/newsview.php?idxno=1093623

"[그린카 몰려온다] 선진국 민자도로 무료 · 버스전용차선 개방 · 노상주차 파격 지원",
〈헤럴드경제〉, 2015.03.15.,
"http://news.heraldcorp.com/view.php?ud=20150305000181&md=20150305103136_BL"

임지택 기자, "[IP노믹스]특허로 뽑은 2015 시장 트렌드 (6) 테슬라, 전기차 시장 중심에 선다",
〈전자신문〉, 2015.01.13.,
"http://www.etnews.com/20150113000098"

이충희 기자 "전기차 vs 수소차, 토요타/테슬라 특허 공개 강수". 〈뉴스토마토〉, 2015.01.05.
"http://www.newstomato.com/ReadNews.aspx?no=526244"

김호연 기자, "토요타 · 테슬라처럼 기업들 '특허 개방' 시장 키울 도구됐다", 〈파이낸셜 뉴스〉, 2015.01.17.
http://www.fnnews.com/news/201501211708287709

배수경 기자, "토요타와 테슬라의 특허 무상 개방은 빛좋은 개살구?⋯폭스바겐이 땅을 친 사연은",
〈이투데이〉, 2015.2.26.
http://www.etoday.co.kr/news/section/newsview.php?idxno=1080845

김형욱, 「[車엿보기]토요타는 왜 수소연료전지차 특허를 개방했을까」, 이데일리,

Polymer Science and Technology Vol. 25, No. 3, June 2014, Technological Advances and Applications
of Liquid Crystalline Materials for Automotive Smart Window
김경호, 조성익, 박종현, 전자통신동향분석, 23, 153 (2008).

M. M. Trivedi and S. Cheng, Computer, 40, 60 (2007).

Y.-C. Liu and M.-H. Wen, Int. J. Hum.-Comput. St., 61, 679 (2004).

S. Smith and S.-H. Fu, Displays, 32, 58 (2011).

Y.-C. Liu, Displays, 24, 157 (2003).

http://news.discovery.com/autos/future-of-transportation/hyundai-zombie-killing-car-slays-
undead-131009.htm

http://www.motorgraph.com/news/articleView.html?idxno=3418